ホップ ステップ 浄土真宗

浄土真宗の「終活」

はじめに

この本（ホップステップ浄土真宗）は、２０１２年に発刊した『浄土真宗　はじめの一歩』の続編として企画しました。「一歩」歩みを始められた方が「次の一歩」、つまり「ステップ（二歩目）」していただくことを目指しました。続編といっても、この本では「終《しゅう》活《かつ》」がメインテーマですので「はじめの一歩」をまだ読まれていない方も「ステップ」できます。できれば「はじめの一歩」も手にしてください。

第1章は「浄土真宗の〝終活〟」です。「終活」という言葉は、「就活（就職するための活動）」をもじったもので、インターネットには、「人生の終わりのための活動」の略で「例えば、自分のお葬式やお墓について考えておいたり、財産や相続についての計画を立て、身辺整理をしておくといった内容」（＠ｎｉｆｔｙ）とあります。２００９年に「週刊朝日（現代終活事情）」に登場した

造語で、2010年の「新語・流行語大賞」に「無縁社会」「イクメン」などとともにノミネートされ、その後一般的に使われる言葉になりました。

江戸時代初期に始まり1950年代まで続いた「大家族制」の時代では、終活しなければならない内容は家庭の中で日常的に行われており、人生の終わりにあらためて「終活」することはありませんでした。近年の「高齢化社会」が、第2次世界大戦後の団塊の世代の誕生や高度経済成長に伴う「核家族化」などとからまって「終活」をもたらしたといえましょう。「終活」の具体的な表現方法として「エンディングノート」ができました。

浄土真宗のみ教えを依《よ》りどころにして歩む者が「終活」とどう向き合ったらいいのか、を綴ったのが本書です。執筆は、「はじめの一歩」に続いて、ともに浄土真宗本願寺派の住職であり、京都女子大学教授の森田真円さんと相愛大学教授の釈徹宗さんです。森田さんは「はじめの一歩」を執筆したことが「（人生は）縁によって成り立つ（縁起）」という仏教の根本の教えを「地で行く」経験をされました。「浄土真宗の〝終活〟」のドキュメントといえるもので、そのことを執筆いただきました。釈さんには「浄土真宗の〝終活〟」を語っていただき「はじめの一歩」の読者が持たれる疑問にも答えていただきました。

第2章は「お寺に親しむ　お寺を楽しむ」です。これは「はじめの一歩」をお読みいただいた方がたから「お寺は葬儀・法事をするところと思っていたのですが、そのほかいろんな活動もしているのですね」という声を受けて企画しました。同時に第1章を読んで気づいていただけると思いますが、「終活」で大切なのは、「今」を大切に感謝することであり、そのためには、お寺と仲良くしてもらうことが早道だと思うからです。浄土真宗のお寺は、葬儀・法事を含めて親鸞聖人のみ教えを弘めるために法座を開き、各種の教化活動を行っています。全国の寺院で行われているそのいくつかを取材しました。

また、西本願寺（本山）や浄土真宗本願寺派（宗派）の活動もとりあげました。

そして、お寺という垣根を超えて社会に飛び出し、さまざまな活動をしている人にも登場いただきました。

ホップ・ステップの次はジャンプです。み教えを聴くためのジャンプをこの本を読まれた後には目指してください。ただ、人生そのものは「（ジャンプを）してもよし、しなくてもよし」であることをこの本（浄土真宗）は教えていることを付言します。

それでは、森田さんのドキュメントにお進みください。

第一章

浄土真宗の「終活」

「終活」という言葉が脚光を集めて数年。
最近はブームを超えて、
すっかり定着してしまった感があります。

はたして終活というものが本当に必要なのか、
また、終活するとすればどんな終活が理想的なのか、
浄土真宗の立場から考えていただきました。

プロローグ
浄土真宗の「終活」を考える
―ある女性の姿を通して―

森田《もりた》　真円《しんねん》
京都女子大学教授
奈良県・教善寺住職
本願寺派勧学

みなさんは、ご自身の人生の最後をどのように迎えるかお考えになったことはあるでしょうか。最近では「終活」という言葉をよく聞きますが、「浄土真宗総合研究所」が２０１４年に提示した「葬儀研究プロジェクト」では、

「終活の多くは、宗教的な内容よりも、相続や葬儀費用などの経済的な側面に割かれる傾向にあり、人が避けることのできない『死』という問題について宗教がどのように応えるのかという点については、十分に語られていないのが現状です」

と指摘しています。

この本を手に取ってくださったことをきっかけにして、自分の死や大切な人の葬儀について思いを致していただき、それによって、避けることのできない自らの死や大切な人の死と、どのように向き合えばよいかお考えいただけるヒントになればと思います。

ある方との出会いのお話を通して、「浄土真宗の終活」を考えてみたいと思います。

『はじめの一歩』がはじめの一歩

Nさんにお出会いしたのは、全くの偶然でありました。数年前の初夏の頃に、学会で東京のある大学を訪れた際、夕ご飯のためにホテル近くのお店に出向いた時のことでした。

そのお店には、東京では珍しく奈良のお酒が置いてあったので、奈良出身の私は何気なく「どうして奈良のお酒が置いてあるのですか」と訊ねたところ、従業員に代わってお店の女将《おかみ》さんがお答えくださったのでした。それがNさん（女将さん）との最初の出会いでした。

女将さんは、娘さんが奈良に嫁いでおられ、そのご縁で奈良の銘酒を置いてあるとおっしゃり、さらに、この秋には高校球児である孫の試合を応援するために、奈良まで出かけると話してくださいました。テンポがあって語り口が素晴らしい女将さんのお話に引き込まれ、野球が大好きな私は、ピッチャーとして奈良の強豪チームと対戦するお孫さんを応援したくなり、「時間が取れれば、私も応援に行きましょう！」と約束してお店を出たのでした。

9月の秋季大会が奈良の橿原《かしはら》球場で行われていました。ピッチャーであるお孫さんは、1回は押さえたものの、2回には相手の強力打線につかまってしまいましたが、人勢の観客の中から、女将さんの姿を見つけることができました。「本当に来てくださいましたね！」と喜んでくださったその時に、始めてお互いの名前を知り、そして求めに応じて私の名刺をお渡ししたものの、それっきりで、もう二度とお出会いすることはないとお互いに思っていました。

ところが、それから何カ月も経ったある日のこと、突然、私の大学にNさんから電話がかかってきました。東京で一人暮らしをされていたNさんは、前々から自分の葬儀やその後のことについてどうしたものかと悩んでおられたようです。

そんな時、西本願寺の大谷本廟《おおたにほんびょう》（京都市東山区）の納骨堂のことを知り、自分のお墓をこの納骨堂にしてもらおうと、手続きのために京都にお出でになったのです。そして、大谷本廟の方に勧められて西本願寺にも参拝されたのです。さらに、これから浄土真宗の納骨堂にお世話になるのだから、何か浄土真宗のことを知っておかねばと思って、西本願寺の方に尋ねたところ、『浄土真宗　はじめの一歩』という本を紹介されたのだそうです。

東京へ帰る新幹線の中で、『はじめの一歩』を読み始めたNさんは、本に記してある私の名前を見て、「あれ？　どこかで見た名前だ」と思われたのでした。早速、自宅に帰って名刺を探し出され、ずいぶん驚かれたようでした。というのも、名刺には「教授」としか書かれていませんから、まさか私が僧侶であるとは思ってもいなかったのです。今まで宗教的なものに触れて来られなかったNさんが、初めて手にした『はじめの一歩』に出ているお坊さんが自分の知っている名前だったのです。ですから、Nさんは不思議なご縁にびっくりして、名刺に載っていた私の研究室に電話をかけてこられたのです。

夕暮れの本堂で

久しぶりにお話をしたところ、Nさんは「いろいろ相談したいことがあるから、奈良のお寺を訪ねていいですか」とおっしゃいますので、その年の秋に私のお寺で再会することとなったのです。

11月の夕暮れ時に、東京からNさんがお出でになりましたが、本堂の阿弥陀さまにお参りされたその後に、初めてNさんのご病気のことをお聞きしました。ご年齢の割には颯爽《さっそう》とキャリーバックを転がしておられたので、想像もしなかったのですが、Nさんは末期のガンで、すでに何度も手術をしておられるとのことでした。余命は1～2年と覚悟しておられるようで、それもあって、ご自分のお墓やその後のことを考えておられたのでした。

　夕暮れの本堂の中で、私はNさんに短いご法話をいたしました。浄土真宗の信者の方がたが昔から味わってこられた、ある喩えのお話です。

　親指と小指を立てて、真ん中の3本の指を折り曲げます。この親指が仏さま、阿弥陀さまです。そして小指が私です。仏さまと私の間には、3本の折れ曲がった指があります。この3本が仏さまと私の間を裂いている煩悩《ぼんのう》なのです。

　一つ目の人差し指は「むさぼりの心」です。得たものに満足できず、さらに新たなものを貪《むさぼ》る心です。二つ目の中指は「いかりの心」です。自分が正しいと相手を責める怒り腹立ちの心です。三つ目の薬指は「おろかな心」です。先が

見えないで、自分勝手なおろかな思いをもつ心です。この三つは煩悩の中でも特に「三毒《さんどく》の煩悩」とよばれる代表的な煩悩で、この三つが仏さまと私の間にあって、仏さまと私の間を裂いているのです。

　ところが、仏さまの親指はどちらを向いているかと言えば、三毒の煩悩があっても、じーっと小指である私の方を見続けておられます。それに対して、小指の私はどちらを向いているかと言えば、仏さまのほうを見向きもしないで、

あらぬ方向を見続けています。にもかかわらず、阿弥陀さまは絶えることなく常に、私を見続け、私に願いをかけ、私にはたらき続けておられるのです。

　これから先の人生は、このように苦しくて淋しくて辛くて仏さまの方を見ることができなくても、仏さまはいつでも温かく見まもってくださいますから、それを思い出す度に、南無阿弥陀仏とお念仏を申してくださいとお話しいたしました。

　Nさんは、食い入るように、私の法話を聞いてくださいました。私は「勤行聖典《ごんぎょうせいてん》」を1冊お渡しし、これからは東京のご自宅に小さくてもいいから、仏さま（ご本尊）をお迎えして、日々このお勤めをしてくださいねと申し上げ、一緒に「讃仏偈《さんぶつげ》」や「重誓偈《じゅうせいげ》」をお勤めした後、お別れしたのでした。

帰敬式（おかみそり）を受けて

　それから、何度か電話でお話しする機会がありましたが、1年ほどして、Nさんから「帰敬《ききょう》式《しき》」を受けたいという連絡がありました。その時にお返事をした手紙の内容が以下の通りです。

　謹啓　秋冷の候、いかがお過ごしでしょうか。先日は、お電話を頂きながら、日程が合わずに申し訳ありませんでした。お身体の調子が少し安定されていると聞いて、安堵いたしております。

　さて、帰敬式（おかみそり）のことについて、少しご相談があります。

まず、「法名《ほうみょう》」についてですが、法名は釋○○という形になります。この「釋」は釈尊《しゃくそん》の釋でお釈迦《しゃか》さまのお弟子になったことを意味します。○○に漢字2文字が入り、これが帰敬式を受けた方の法名となります。

　次に、内願法名についてです。法名は、帰敬

式後に拝受するのですが、通常は、本願寺から授けていただくものです。ところが、受式者が前もって、希望する法名を内願《ないがん》をしておけば、その法名を交付していただける制度もあります。これを内願法名といいます。

先日のお話では、私に「法名」を考えてほしいということでしたので、この内願法名という制度なら、前もってNさんの「法名」を申請することができます。ただし、それは所属の寺院を通して2カ月前に申請しなければなりません。（Nさんの場合は、所属の寺院というのがないでしょうから、もしよければ、私のお寺の所属としてくだされればと思います）。

ただ、今から申請しても2カ月後になりますので、通常の帰敬式でよいというのならば、いつでも帰敬式を受式して法名を頂くことはできます。もし、内願法名を希望されるならば、申請する法名が必要になります。

そこで、以下が私がお経を参考にして考えた貴女（玲子さま）の法名です。

法名　**釋光玲**

西方浄土の世界を解説したお経の中に、浄土の荘厳《しょうごん》は種々の色彩が美しく光り輝いていることを示す「雑色玲瓏《ざっしきれいろう》」という言葉があります。ここから、光が美しく輝いているという意味で「光玲」としました。

内願法名にされる場合は、帰敬式を受けられる月日を先に決定しておくほうがよいと思います。

なお、冥加金や手続きで疑問に思われることがあれば、本願寺代表番号０７５（３７１）５１８１に電話をされて、「参拝教化部」をお願いしますとおっしゃって、帰敬式や内願法名のことを聞きたいと言えば、詳しいことを教えてくれます。

以上、縷々申し上げましたが、

①内願法名を希望するか否か

②希望しない場合は帰敬式をいつにするか

③希望する場合（少し先になりますが）
　帰敬式をいつにするか

について、お身体の調子と考慮しながらお考えになってお返事くだされればと思います。

この手紙の後、12月に「内願法名」の手続きをし、明くる年の2月、私も立ち会いましたが、Nさんは本願寺で帰敬式を受けられ、法名「釋光玲」を頂くこととなりました。

おかみそりの儀式を受けられる際、抗がん剤で抜け落ちた頭髪を気にしておられたので、とても切なく痛ましい気持ちになったことを思い出します。

しかし、儀式終了後、喫茶店でお話ししましたが、いつもの元気な口調に戻られて、東京の青山で寿司店を経営していた頃に出会った名士の方がたとのいくつかの逸話を聞かせていただき、楽しい時を過ごせました。

最期の時を迎えて

その後1年経った頃、東京に嫁いでおられるNさんの娘さんから電話が入りました。Nさんのお宅に来ておられたようで、最近のNさんの病気の症状を話してくださいました。そして娘さんと代わってNさんが電話口に出られましたが、いつもとは全く違う力のない声で「先生、いよいよ最期の時が来たようです」とおっしゃいました。そして、自分の葬儀をどうすればよいか等々について娘と相談してほしいとのことでした。

娘さんと相談した結果、築地本願寺にお世話になることになりました。そこで、私は築地本願寺に電話をして、以前から親交のあった本願寺総合研究所東京支所のM先生に、これまでの経緯を細かくお伝えし、もしもの時にはNさんの葬儀と、その後の中陰法要のお勤めをお願いしました。それから間もなくして築地本願寺を訪ねてこられたNさんと娘さんに、M先生は懇切に対応してくださいました。Nさんも娘さんもM先生に出会って、とても安心されたようで、電話で私にご報告くださいました。（注※）

そして、それから数日経った2月のある日でした。築地本願寺のM先生から、今からNさんの葬儀をお勤めするとの連絡が入りました。その時は、ここ数年のNさんとのさまざまな想い出がよぎりました。東京のお店で出会い、奈良の球場で再会し、『はじめの一歩』がご縁となって、本願寺で帰敬式を受けて親鸞さまや阿弥陀さまに手を合わせてくださり、お念仏に出遇《であ》われて、阿弥陀さまのお浄土の世界に往生していかれたNさん。思えば、まことに不思議なご縁だったと改めて感慨に耽《ふけ》ったことでした。

次世代へのご縁に

しかし、Nさんとのご縁はさらに続くことになります。築地本願寺で満中陰《まんちゅういん》を勤められたNさんのご家族が、大谷本廟に納骨に来られ、私が納骨のお勤めをすることになりました。それはNさんの遺言でもありました。

そこで、初めてNさんの二人の娘さん夫婦やお孫さんたちと出会うことになったのです。もっとも、あの時ピッチャーとしていたお孫さんとは、客席から応援していた時以来でしたが、もちろん本人は知ってはいません。

築地本願寺でお願いをしていたM先生が、中陰法要で「正信偈」を家族でお勤めされていたため、みなさんお経の本を持ってきておられ、納骨堂でみんなでお勤めすることができました。娘さん夫婦や孫さん達はNさんのご縁を通して、生まれて初めて仏さまに出会われたのです。読経後には、Nさんを思いながら、私のお寺の本堂でNさんにした同じ法話をご家族にも話しました。

　その後、ご家族はNさんが訪れたということから、私の奈良のお寺にもお参りしたいとおっしゃって、毎年のお盆にお寺にお参りに来られ、また一周忌・三回忌は、大谷本廟で私の調声《ちょうしょう》で法要をお勤めしています。Nさんとのご縁が、ご家族に移り、それはおそらく今後に繋がっていくことでしょう。

　Nさんの家族とは、勤行の後に、いつも「みほとけにいだかれて」をご一緒に唱和します。

この歌は、

みほとけに抱《いだ》かれて　君《きみ》ゆきぬ西の岸
なつかしきおもかげも　きえはてしかなしさよ
みほとけに抱かれて　君ゆきぬ慈悲《じひ》の国
みすくいを身にかけて　示しますかしこさよ
みほとけに抱かれて　君ゆきぬ花の里
つきせざるたのしみに　笑み給《たも》ううれしさよ

みほとけに抱かれて　君ゆきぬ宝楼閣《たまのいえ》
うつくしきみほとけと　なりまししとうとさよ
（『仏教讃歌　歌集』85頁）

という歌詞ですが、メロディーのすばらしさもあってか、初めてお念仏の教えに触れられた方にとっても、とても心に残る歌となります。

この「みほとけにいだかれて」の歌を、心を震わせて聞き、歌ってくださるのは、亡くなられた大切な方の往《ゆ》き先がお浄土であることを歌っているからでしょう。

さらにそれだけではなく、遺《のこ》された家族も、やがて共に同じ往き先に向かって歩むことを味わわせてくれる歌だからでしょう。亡くなられた大切な方は、さまざまなメッセージを遺してくださいました。

その中で最も重要なメッセージとは、遺された我々もやがて必ずこの世の縁の尽きる時がやってくることを、目の前で身をもって伝えてくださったことではないでしょうか。遺された我々は、このメッセージをしっかりと受け止めなければなりません。自らが同じ往き先に向かって確かな歩みをしているかどうかを問い続けることが、先立っていかれた方の願いに応えることになるでしょう。

浄土真宗では、さとりの世界であるお浄土に往生された方が、仏となってさとりの智慧をいただき、迷いの世界に還り来ては、遺された人びとをさとりの方向に導くようにはたらきかける活動をされると説かれます。それは、すべて阿弥陀如来のはたらきによってなされていくのです。

ですから、阿弥陀さまにいだかれて「うつくしきみほとけ」となられた大切な方が、葬儀や中陰法要や年忌法要等々さまざまなご縁を通して、今度は遺された人びとを真実のさとりの方向に導いてくださることになるのです。

このような思いで葬儀や中陰法要を行う時、亡き人をご縁として、阿弥陀さまの前にぬかずいて合掌礼拝し、お念仏を申すことが、とても大切な営みとなることでしょう。

浄土真宗の葬儀・中陰法要について

葬儀は誰のためにするのか。まずは、ご自分のためであると言えるでしょう。現代は、かつてないほど夫婦二人で暮らしている方が増えてきています。したがって、やがてどちらか一人の暮らしとなり、Nさんのように、自らの葬儀をどうするかを考えねばなりません。

単に遺された人に迷惑をかけたくないという気持ちで考えるだけではなく、自らの死をきちっと見つめることに大きな意味があると思われます。それは確かにつらく切ないことではありますが、仏法の上から言えば、とても重要なことなのです。

自らの葬儀を考えることは、常に自らの生と死を見つめることになり、「生老病死」を乗り超える道を求めて、仏の教えを聞くことに繋がっていきますから、とても大切な営みとなるのです。

さらにまた、葬儀は遺されたご家族のためです。それは遺された家族に仏縁を繋ぐことになるからです。

浄土真宗の葬儀については、『浄土真宗　必携』（本願寺出版社）に、

「葬場勤行は、一般的には「葬儀」「葬式」とよばれ、ご遺族をはじめ有縁の方がたが集まって、葬場において行う仏事であり、葬場において故人の死を厳粛に受け止め、故人を縁として一人ひとりが真実のみ教えに遇う大切な法縁です」

と示されています。ですから、大切な方の死を厳粛に受け止め、それをご縁として、遺された一人ひとりが仏法に出遇うための儀式がお葬式ということになります。

そしてまた、通夜から葬儀、そして納骨・中陰法要に至る一連の儀式を通して、仏法に出遇うことにより、遺されたご家族は、亡くなっていかれた大切な方の往き先を知ることになります。通夜・葬儀・納骨・中陰法要を通して、遺された家族が痛切に思われることは、亡くなられた方がどうなったかということです。

「中陰法要」について、一般的に、「中陰」という言葉は、死んでからまた生まれるまでの中間のことを意味する「中有《ちゅうう》」という言葉に由来しています。死後、次の生を受けるまでの四十九日間は、生と死との間を彷徨《さまよ》う状態にあるなどといわれることがあります。

しかし、浄土真宗のみ教えのもとでは、阿弥陀如来のはたらきによって、そのいのちを終えるとただちに浄土に往生し、さとりをひらいて仏となっておられますから、故人が生と死との間を彷徨うことはありません。

ですから、先立たれた大切な方は、阿弥陀如来のはたらきによって、この世の縁が尽きればただちに阿弥陀如来のお浄土に往生して、仏さまとなっておられるのです。

（注※）築地本願寺（東京都中央区築地3-15-1）では、
葬儀や年回法要など常時受け付けています。
電話03（3541）1131

本当の「終活」をしましょう

釈《しゃく》　徹宗《てっしゅう》

相愛大学教授
大阪府・如来寺住職
NPO法人リライフ代表

自己決定や意思表明が必要な社会

終活は現代社会からの要請です。現代社会が「終活せよ」というメッセージを送っているといえます。

いくつかの要因が考えられます。まず、ひとつには現代の社会構造です。すでに都市部では4割が単身世帯の地域もあるようです。また、二人暮らしのご夫婦で、おひとりが亡くなったら、その日から単身世帯ということになります。かつて、大家族から核家族へと変貌していった時期には、「これから社会の価値観や生活形態など、すべてが大きく変わる」と騒がれました。ところがもう核家族さえも成り立たなくなっているのです。そのような社会では、個人がそれぞれ自己決定を表明しておく必要が高くなります。お墓なども、後々面倒を見てくれる人がいないならどうすればいいのか、と悩むことになります。

また、私たちはけっこうさまざまな契約を結んで暮らしています。これも現代社会の特性ですね。ローン、電気、水道、保険、ネットのプロバイダー、などなど……。「あとは全部おまかせ」で息を引き取るわけにはいかず、指示書のようなものを残しておかなければなりません。つまり私たちは、さまざまな分野において自己決定・意思表明・自己責任が求められている社会に生きているということです。

二つ目に、終末期における医療に関する問題があります。ある意味、これが一番大きな要因でしょう。たとえば、延命措置について、あらかじめ「こういう場合は、こうしてください」と表明しておかないと、望まない状態に長く置かれる可能性があります。

少し話がそれますが、私はNPOで認知症の方のグループホームを運営しています。いくつかの条件がそろえば、看取《みと》りまでさせていただき、今までに7人の方を看取らせていただきました。積極的な延命医療はせずそのまま自然に……、という形でお別れするのですが、看取りを通して生物としての死のメカニズムを垣間見た気がします。

死期が近づくと、次第に食べたり飲んだりする能力が落ちるので、痩せて枯れ木みたいになっていきます。同時に、苦しいとか痛いとかの訴えが少なくなります。たぶん苦痛を感じる能力もなくなっていくのだと思います。息を引き取るその日まで、穏やかに過ごされることが多いです。

ところが病院ではそうはいきません。栄養補給などをすると延命はできるけれど、痛いとか苦しい事態も長く続く。点滴をすれば、痰《たん》の吸引の必要も生じます。また体液の循環能力も落ちているので、身体のあちこちで浮腫《むくみ》などができたりする。だからそのような延命措置を拒否する人もいます。でも、そのことをあらかじめ意思表明しておかねばならない。延命が間違っているなどという話ではなく、自分自身の終末についての自己決定や意思表明が必要ということです。すなわち、終活をしなければいけない社会になっています。

迷惑をかけないのが都市のルール

要因の三つ目として、地域コミュニティーの様式がなくなったということを挙げたいと思います。

地域コミュニティーが継続しているところでは、葬儀・法要などにその地域の様式があります。だからその様式におまかせすればいいのですが、地域コミュニティーの様式がないところでは、葬儀・法要に関することを自分で決めねばなりません。だから「自分らしいお葬式とは何か」「そもそもお葬式やお墓は必要なのか」などに取り組まねばならないことになります。都市部を中心に、その傾向が強まっています。

都市というのは地縁・血縁・職縁がなくても不自由なく暮らせる場所です。そういったコネクションがなくても、フェアに扱われる地域が都市なのです。その意味では、地域コミュニティーの煩わしさから逃れることができます。今日では、都市に暮らしていない人も、メンタルや感性はかなり都市化していると言えるでしょう。都市は「人に迷惑をかけない限り、個人の自由は最大限尊重される」という理屈で運営されています。そこが都市生活の魅力でもあります。一方、コミュニティーが濃密な地域は、普段から迷惑をかけたりかけられたり、煩わしいコミュニケーションをしながら維持されていくものなのです。そして地縁・血縁・職縁などの理屈が強くなります。

私の印象では、１９９０年代あたりから、急速に各地域の葬儀の様式が均一化していったように思います。地域コミュニティーの様式がなくなっていった。それまで多様であった葬儀が、あっという間に日本中同じようになりました。「自宅ではなく、会館でお葬式」「葬祭業者さんにおまかせする」といった事情が背景にあるのでしょう。

じつは葬儀・法要の形態は、かなりの部分が地域の様式で支えられてきたのです。ところが基盤である地域の様式が崩れると、拠《よ》って立つところがなくなってしまいます。結果的に、葬儀をどうするのかを自分で決めねばならない、といった事態となります。葬儀の形態、規模、連絡範囲、費用などをあらかじめ指示しておかねばならない。終活ではしばしば「エンディングノートの作成」が勧められますが、まさに自分が死んだ後の指示書です。こんなふうにしてください、それが自分の意思ですと表明する。こういう取り組みが必要となったのです。「終活は現代社会からの要請」とは、そういうことです。

しかし、終活と呼ばれる取り組みは、単に死に関する情報を収集して、項目ごとに自己意思を表明することに終始してしまいがちです。それでは、自分の死と本当にきちんと向き合っているとは言い難い。せっかく終活に取り組むのであれば、自分自身の死をぐっと手元に引き寄せて、今の生き方を問い直す、自分のあり方を問い直す、そういう方向へと歩みを進めていただければと思います。それが本当の意味での終末に関する活動でしょう。

宗教儀礼を見直そう

　お葬式は必要なのか、お墓は要らないのではないか、そのようなことも考えなければならないのが現代人です。この場合の主要因はコストの問題ですね。現代人にとって、葬儀・法要・墓などに多額の費用や多くの時間をかけるのは納得いかないわけです。現代人は消費者体質が身に沁《し》み込んでいますから、かけたコストと同等の満足が得られなければ納得できません。

　ただ、現代人のさかしらな知恵で宗教儀礼を見くびってはいけないと思います。人間が足元にも及ばないほどの力を宗教儀礼は持っていますから。また、人間は宗教儀礼を営む動物ですから、何らかの形で死者儀礼を行っていくことは間違いないでしょう。

　とくに、深刻な悲嘆や苦難に直面して、なすすべもない事態に陥った時、やはり宗教儀礼を営むしか手立てがありません。人間とはそういうものです。私自身も何度かそういうことを経験してきました。たとえば、お子さんを亡くされたばかりのお家に臨終勤行《りんじゅうごんぎょう》（枕経《まくらぎょう》）を勤めに行くことがあります。これはつらい。まさに自分が異物であると実感します。悲嘆に打ちひしがれている人たちの中へ、入っていかねばならないのです。しかし、そのような悲嘆の場に異物が混入することで、少しずつ事態が進んでいく。つまり宗教者とはある種のトリックスター（場を揺さぶる者）なんですね。そんなとき頼りになるのは、伝統的な儀礼の様式です。それしか拠《よ》りどころがない。だって、たかがしれた私の言葉など、まったく届かないのですから。悲嘆に固着している場が、異物でしかない宗教者の儀礼によって動く。そんなことを実感します。

　東日本大震災の時に、石巻市の火葬場に行きました。震災直後は、次から次へと数多くのご遺体が運ばれて来て、それを次々と火葬したそうです。そうしたら、職員みなさんの心がもたなくなって……。とてもこれ以上続けることはできない、そんな状況になったらしいのです。その時、近隣の教会の牧師さんがやって来て、お祈りをしてくれた。そうしたら、また火葬を続けることができたそうなのです。

その牧師さんは、このことはとても大事であると認識して、各宗教・各宗派に声をかけます。それで、仏教各派、キリスト教のカトリックとプロテスタント、神道など皆が集まって、お勤めするようになった。その現場を目の当たりにしました。

そのような限界状況、厳しい事態において、儀礼というのは光を放つことがあります。私たちが語る言葉や教えよりも、儀礼によって救われる、そんなことだってあるのです。

そもそも人間というのは、「何かとつながっている」と実感があれば、苦難の人生をどうにかこうにか生き抜くことができます。逆に言えば、何にもつながっていなければ、人生はとても過酷になります。

人間にとってもっとも強いつながりは「宗教的なつながり」です。そして宗教的なつながりは、教えや理屈だけでは成り立ちません。儀礼に代表される「様式」がとても重要です。様式は情緒へと直結しています。たとえば、お仏壇に手を合わせる、「南無阿弥陀仏」と称える、お寺で法話を聞く、みんなでお斎《とき》を食べる、報恩講を営む、お正信偈を読誦する、さまざまな浄土真宗の様式があります。これが白分自身を根源的に支えてくれるのです。

次代に良いパスを送る

広い意味では、はるか古代から人間は終活（終末に関する活動）をしてきました。たとえば、「死と向き合うことで、今の自分自身のあり方が問われる」といった手法は、古来、多くの宗教が取り組んでいます。リアルに自分の死をイメージすると、普段大切に思っているものが意外とつまらなく見えたりします。あるいは、思ってもいないものが浮上してくる。つまり、今の枠組みが揺れるわけです。

このような〝死と向き合う取り組み〟は、伝統的な宗教の中で鍛錬されてきました。いわば先人たちが練り上げてきた教えです。そういった先人たちのパスをきちんとキャッチする心と身体を養うことが大事です。耳を澄まし、眼をこらせば、あらゆるところに先人の知恵があります。捕りやすいパスもあれば、わかりにくいパスもあります。難しいパスをキャッチする心と身体を育てていくのです。それと同時に、次世代に心のこもったパスを出していく。それが今を生きる私たちの役目であると思います。人生のテーマでもあります。

元日本代表のラグビー選手である平尾剛さんから聞いた話ですが、雑に出したパスと心のこもったパスは、キャッチしたときにわかるそうです。ラグビーボールは楕円形なので、よけいにわかるのでしょうね。次世代が取りやすいような、心のこもったパスを出す工夫をしていかなければならないでしょう。

先人の出すパスをしっかりキャッチすること、これをインドの仏教用語でカタンニューと言います。カタンニューは「私のためにしてくださったことをしっかり自覚する」というような意味になります。これを東アジアではしばしば「恩」と訳してきました。「恩」という漢字の「因」の部分は、敷物の上に人間が大の字となり恵みや慈しみをうけている姿からできています。ですから恩には恵みや慈しみといった意味も含まれています。

仏教では先人のパスをきちんとキャッチすることを知恩《ちおん》と言います。さらにそれを次世代にパスしていくことは報徳《ほうとく》。この場合の徳とは、周囲に与えるよい影響といった意味です。知恩報徳や知恩報謝という仏教用語があります。それは「私のためにしてくださったことをしっかり受けとめ、周囲へとよい影響や感謝・喜びのパスを出していく」ということです。

恩・徳・報・謝などと言えば、私たちは「恩徳讃」を思い浮かべますよね。親鸞聖人のご和讃にメロディーをつけたものです。「如来大悲《にょらいだいひ》の恩徳《おんどく》は」となっていますから、浄土真宗の場合は恩も徳も仏さまからの恵みであり慈しみだということです。だから「身《み》を粉《こ》にしても報《ほう》ずべし」はそのことへの喜びですよね。「師《し》主《しゅ》知《ち》識《しき》の恩徳」とは、お釈迦さまや七高僧や聖徳太子といった人びとがずっとパスにパスをついできたことです。なんとそのパスが自分に届いた。誰かひとりでもパスをやめていたら届かなかったんですよ。まさに私のためにパスをついできてくださったのです。感謝せずにはおけない、という実感が「骨をくだきても謝すべし」という表現となっているのです。

宗教は、今生きている人とつながるだけではなく、先に往った人ともつながります。これから生まれる人ともつながる。時を超え場所を越えてつながることができます。先ほども述べましたが、人間というものは、「ああ、つながっている」と実感できたら、「こんなにつらいけれど、もう1日、生きよう」となります。そういう心身の仕組みになっているのです。

めざせ！　終活の達人

――本当の終活を成功させるコツのコツ――

1. お世話され上手になろう

現代人は次第に迷惑かけるのも、かけられるのも苦手になっているようです。

他者に迷惑をかけないというのは美徳でもあるのですが、一歩間違えると傲慢になってしまいます。なにしろ誰にも迷惑をかけずに生きていくことなんてできないのですから。先ほど述べたように、かつての地域共同体が濃厚な社会や大家族制で暮らしていた時などは、迷惑をかけたりかけられたりしながら生きることが当たり前でした。つまり、みんなが上手に迷惑をかけたりかけられたりする態度を成熟させてきたわけです。しかし、私たちの社会は都市化が進みました。他者に迷惑かけない限りはご自由にどうぞ、というのが都市のマインドです。都市には守るべき伝統様式などは希薄ですから。そして、もはや田舎であっても、生活する人のマインドは都市化しています。だから現代人は迷惑をかけたり、かけられたりするのが苦手になっているというわけです。

でも、どれほど都市化しても、仏教が説くように、老病死といった苦悩に直面する日がやってきます。誰かに迷惑をかけたり、かけられたりする時が来るのです。自分は誰の世話にもならないという傲慢さではなく、上手に迷惑をかける柔軟な心身を育てていく、それがこれからの現代人のテーマではないでしょうか。私はこれを「お世話され上手を目指す」などと呼んでいます。お世話され上手になるポイントは、「こだわりのないこと」「わが身をゆだねること」です。

そう考えていきますと、古来、浄土真宗が説いてきた「仏さまにおまかせしていく」のは、本当に究極ですね。仏道としての教えだけじゃなく、いかに人生を生き抜くかといった智恵の面もあると思います。

2. 居場所をあちこちに作ろう

かつての大家族制から核家族制へ、そして単身世帯の急速な増加へ。私たちの社会は変化しています。このような社会では、どんな態度が重要でしょうか？ それは「さまざまなコミュニティーに重所属すること」だと思われます。いろんなグループや共同体に関わる、首をつっこむということです。参加してみて、合わなかったら、離れればいいんですから。あまりこだわらず、関わる。特に老病死と向き合ったり語りあったりできるグループなんかと関わっていけると、とてもいいです。たとえば、一昔前の「お講《こう》」ですよ。今でも活動されているお講はたくさんありますが、かつてはもっと草の根的にありましたね。血縁や地縁とはまた別のコミュニティーです。信心共同体です。近年、街の寺子屋とか、インターネットでの出会いなど、従来とは様子が違うお講ができているそうです。こういうコミュニティーにも注目したいところです。

いろんなコミュニティーに重所属するという態度を大事にすることで、お世話され上手の道も開けていきます。それはどこかで仏さまにおまかせするという道にも、つながっているんじゃないでしょうか。

3. 縁起の実践・空の実践

このような「コミュニティーへの重所属」を、私は「縁起《えんぎ》の実践」と呼んでいます。ご存じのように縁起とは、すべては関係性によって成り立っている、とする仏教の立場です。仏教最大の特徴でもあります。でも、これを少々積極的に解釈して、関わるとか、関係性を構築する、ということとして語れるのではないかと。それで「縁起の実践」などと表現しています。いろいろ面倒なことわずらわしいことがあるものの、関わろうとする姿勢を大切にする。そういった重所属への態度をこう呼んでいるわけです。

ただし、そこには「しがみつかない」という態度が大事です。コミュニティーの活動にこだわったり固執したりしない。コミュニティーは時に排他的になったりしがちです。だから、しがみつかない態度でいることを「空《くう》の実践」と名付けています。これは『維摩経《ゆいまぎょう》』に述べられていることをヒントにしました。

「縁起の実践」と「空の実践」の両輪を回すことが、現代社会を生きていく態度として注目していただきたいと考えています。

じつは「お世話され上手を目指す」「縁起の実践」「空の実践」などといった日常の取り組みの延長に終活（終末に関する活動）もあります。終活といえば、末期医療や遺言、自分が死んだ後の指示書の作成などが取り沙汰されますが、そのような活動で老病死の問題が解決するわけではありません。教えと出遇《であ》わなければ、救われないのです。

4. ホーム宗教者を持とう

近年、盛んになっている終活ですが、終活情報をいくらかき集めても救われません。でも前述したように、私たちは終活をせねばならない社会を生きています。だから、せっかく終活するのだったら、死と向き合ったり、生と向き合ったりすることに取り組みましょう。そのためには、ふだんから死や老いなどについて語り合える仲間や宗教者と出会っていきましょう。特に、「ホーム僧侶」「かかりつけ僧侶」がお勧めです（笑）。

ヨーロッパには、ホームドクター制度があります。地域の人たちを担当するドクターがいて、子供の頃からのかかりつけ医師となるのです。長年その人とおつき合いしているホームドクターであれば、その人の考え方・価値観・信仰・病歴などを知っています。だから、その人の意向に沿った治療ができるそうです。

そこでホームドクター制になぞらえて、ホーム宗教者というのはどうでしょうというわけです。ホーム僧侶、かかりつけ僧侶ですね。もちろん、これまで所属のお寺の僧侶とつき合ってこられた人にとっては当たり前の話でして、あらためて言うまでもないかもしれません。でもお寺とのご縁が薄い人は、こういったことがらについてぜひ考えていただきたいのです。

釈徹宗さんが現代の難問に答えます

父が自分の葬式はしなくてもいいと言っていますが。

なるほど。私自身は、死者儀礼（葬儀・法要など死に関する宗教儀礼全般）は人類の大きな特徴であると考えていますので、なんらかの宗教儀礼の営みをお勧めします。でも、個々人の考えや事情で、葬式をしない人もいれば、できない人もいます。

死者儀礼というのは地域の様式で支えられている面が大きいので、地域の様式が濃厚でないお宅にとっては拠《よ》って立つものがありません。結果的には「自分の意思で死者儀礼を決定する」ということになります。ですから、できればお父さんが葬儀についてどう考えているのか、家族・縁者の皆さんがお父さんの死についてどう考えているのか、そのあたりから語り合

っていただければと思います。

たとえば、「宗教儀礼を拒否したい」のか、「葬儀費用をかけたくない」のか、「みんなに迷惑をかけたくない」のか、お父さんの真意はどのあたりにあるのか聞いてみるのもいいんじゃないでしょうか。

とにかくお父さんは自分の死について考えようとしておられるのですから、皆さんも少し一緒になって対話してみましょう。またその際に、知り合いの宗教者などにちょっと意見を求めるのもよいと思います。

Q A お仏壇って要りますか？

お仏壇がなくても暮らせることは確かです。でも、お仏壇がある生活とない生活は違いますね。それは間違いないです。

お仏壇があると生活空間に軸が生まれます。方向性が生まれます。私が運営する認知症高齢者のグループホームでもお仏壇があります。認知症の方でも、けっしてお仏壇に足を向けて寝転んだりはしません。足を向けて寝られないものがある生活とない生活、同じであるはずがありません。

お仏壇はなかなか多様な意味や機能をもっています。一つは、仏さまをおまつりする場です。二つ目として、家の軸であること。さらに三つ目には、先に往《い》った人との対話の窓口でもある。私たちは、お仏壇の前に座って亡くなった人にあれこれ語りかける、なんてことをしますよね。うれしいことも、悲しいことも、語ることができる。また、先に往った人の声を聞こうとする場でもあります。とにかく、お仏壇の前だと、日常のバリアをおろして、そのままの自分に戻ることができます。

四つ目として、自分の姿を映す鏡でもあると思います。私たちはついつい生き方が偏《かたよ》ってしまいます。でもなかなか自分の偏りに気づくことはできません。だから、お仏壇の前に座って自分の姿を映して、偏りを点検するのです。思いつくまま四つほど挙げてみましたが、よく考えるともっとありそうです。

もともと浄土真宗では、普通の民家に「南無阿弥陀仏」のお軸を掛け、そこが念仏道場となる、といった独特の形態がありました。そこから考えますと、場合によっては、立派なお仏壇じゃなくても、壁にお名号を掛けてお荘厳《しょうごん》するだけでも家の軸・人生の軸は生まれるに違いありません。

Q

A

遠くにあるお墓、どうすればいいですか。

「遠く離れた田舎にお墓があるため、なかなかお参りにも行けない」という声は多いようです。祖父母の故郷や両親の故郷とご縁が薄くなってしまっていると、お墓が放置されるケースもあります。それぞれ個別の事情があるので、一概に「こうするとよい」とお応えするのは難しいです。

大別すると、「それまでのご縁を大切にして、遠くても維持していく場合」と、「近くにお墓を移転させる場合」になるのでしょう。とにかくお墓の放置は墓地の関係者がとても困ることになりますので、どのような選択をするにしても連絡だけはとるようにしましょう。

ところで、私の個人的意見ですが、お墓はできるだけ合葬（複数の人を葬る）の形態がいいのではないか、などと考えています。仏教は火葬しますので、土葬する宗教に比べると合葬墓が容易です。「南無阿弥陀仏」「倶会《くえ》一処《いっしょ》」などと書かれたお墓に、ご縁のある人びとを合葬するのが浄土真宗らしいように思うのです。

Q 釈さんは「様式」が大切と言っておられます。では代々、家の宗教が浄土真宗であるというだけの私は、どのように様式を身につければいいですか。

A 浄土真宗にはさまざまな独特の様式があり、また浄土真宗が育んできた各地域の様式もあります。それらは、お寺参りを続けたり、地域の門徒さんとの交流によって、身についていくことになります。

でも、まずは「正信偈」をお勤めできるようになるところから始められるのはいかがでしょうか。「正信偈」は、その内容はもちろんのこと、勤行の形態も浄土真宗ならではの要素がいっぱいです。式章をつけ、お念珠を持って、「正信偈」をお勤めする。浄土真宗門徒としての心と身体が育っていくはずです。

自分ひとりで勤めるだけじゃなく、みんなで「正信偈」をお勤めする機会も大切にしてください。みんなで勤めると、なんともいえない気持ちよさがあります（笑）。

第二章

お寺に親しむ
お寺を楽しむ

お寺は「死んでから」世話になるところ?
いえいえ、どうか「生きてるうちに」お寺と
仲良くしてください。

楽しい活動、ためになる取り組み、
それにステキな人との出会いもきっとあります。
それが本当の「終活」につながっていくのではないでしょうか。

釈徹宗《しゃくてっしゅう》さん

落語家 桂《かつら》文《ぶん》我《が》さん

1960年三重県松阪市生まれ。1979年桂枝雀に入門、桂雀司を名乗る。1995年4代目桂文我を襲名。全国各地で「桂文我独演会」「桂文我の会」、子ども向けの落語会を開催。年間300回もの高座を務める。

対談

お説教、御堂さん、船場、真宗文化……

仏教の真髄が落語でわかる！かも？

落語と仏教のお説教とは、深い関係にあることをご存じですか。
とくに浄土真宗を題材にした落語が多いそうです。
第二章は「お寺に親しむ　お寺を楽しむ」がテーマ。
「子どもの頃から落語が大好き」な釈徹宗さんと、
上方落語会随一の博識を誇る桂文我さんに、落語に登場するお念仏、
そして善男善女についてたっぷりと語っていただきましょう。

落語はサゲ（オチ）でおしまい、説教は仏法へと導く

釈　私は子どもの頃から、お寺で聞くお説教とラジオで聞く落語にはどうも共通点があるなと気づいていました。師匠は落語に仏教的なテイストを感じることはありますか？

文我　あります、あります。お坊さんやお寺が出てくる落語のほとんどは、仏教説話や経典を引用しているのではないかと思います。

釈　『百喩経《ひゃくゆきょう》（ウパマー・シャタカ）』という経典には、およそ100の逸話とその解釈が出てきます。当時のお坊さんの話がそのままお経になったのじゃないかと感じます。

また、『阿育王経《あいくおうきょう》』には「樹《き》の因縁《いんねん》」という話があります。悟《さと》りを得られない出家者が、尊者《そんじゃ》から樹に登るよう指導されます。そして、最後につかまっていた右手も離せと言われ、思い切って手を離すとついに悟りに至る。これは落語の「始末《しまつ》の極意《ごくい》」の原話でしょうね。

文我　江戸時代は印刷文化が盛んで、全国に情報を行き渡らせる読み物がたくさん出版されました。そのひとつが「噺本《はなしぼん》」で、人から聞いた話を集めたか、もしくはお経から仕入れたに違いありません。もっとも、噺家《はなしか》がお経を熟知しているとは考えにくいので、お坊さんに教えてもらったのではないでしょうか。

釈　浄土宗の日快上人《にっかい》（安楽庵策伝《あんらくあんさくでん》）は落語の祖と言われています。彼がお説教に使う落とし噺《ばなし》（最後にオチがある噺）を集めた『醒睡笑《せいすいしょう》』という本を著したからです。

文我　仏教説話をいくつか寄せ集めて、ひとつにした可能性もあります。仏教説話や仏教的な喩《たと》え話をたくさん取り込んだ落語が、まだまだ眠っているはずです。

釈　古い落語のネタの原型は単純な落とし噺で、そこにストーリーが盛り込まれて今の形になった。一方、説教は落とし噺も活用しながら合法《がっぽう》（仏法へと導く）へと進める。ここが違う。

文我　落語は、「今までの話は嘘でした。これだけを言いたかったんです」と無責任に終わります。教えは、ほとんどありません（笑）。講談には聖人君子の話がよくでてきますが、歴史の表舞台に出ることのない庶民のありようがわかるのが落語です。それにしても、「南無阿弥陀仏」のネタは多いですよ。

釈　はい。お念仏の教えは庶民へと草の根的に拡大しましたので、やはり落語でよく出てきますね。

落語の中の浄土真宗

文我　「南無阿弥陀仏」が出てきても、私には浄土真宗か浄土宗かわかりませんが（笑）。

釈　たとえば、木魚を叩いてお念仏していたり、お寺の場所が〝下寺町《したでら》〟だと、浄土宗であるとか。同じお念仏の噺でも、細かいところで宗派がわかることもあります。

文我　「菊江仏壇」には、〝親鸞聖人の絵像〟というくだりが出てきます。お仏壇が出てくると、浄土真宗の場合が多いですね。

釈　「宿替え」のお仏壇も浄土真宗ですね。他にも、「お文《ふみ》さん」や「後生鰻《ごしょううなぎ》」や「宗《しゅう》論《ろん》」などは完全に浄土真宗のお噺です。「お文さん」は蓮如《れんにょ》上人の「御文章《ごぶんしょう》」のことです。また、「後生鰻」は「殺生しないように」というお説教を聞いてそれを実行するご門徒のお噺ですが、どんどん変な方向へと偏《かたよ》っていきます。最後はとてもナンセンスなサゲになります。お説教を聞きそこなって、変に偏ってしまう人のあり様を描いた見事な展開だと思います。

文我　偏らないというと優柔不断に聞こえますが、そうではないのですね。

釈　最近、自分は正しいと思いこんで、他者をバッシングするような傾向が強い。「正しいとされていることも、偏ってはだめだ」「自分の偏りは自分でわからない。常に自分の姿を仏法という鏡に映して点検する」といった仏教の教えに注目してもらいたいところです。

文我　偏らなければ、世界で戦争もなくなりそうですね。ところで、上方《かみがた》落語は大阪のことだと思われがちですが、京都も含んでいます。京都は、法華のお寺が多いですよね。

釈　京都は法華信仰が盛んです。天台宗のおひざ元ですし、なにより法華の町衆が地域共同体を支えていた時期があります。江戸も法華が盛んだったので、あちらの落語にはお題目（南無妙法蓮華経）がよく出てきますね。

文我　本来なら京都で法華の落語が成立してもよかったのが、そんなに多くないのはなぜでしょう。真言、天台、禅宗の落語もないことはありませんが、少ないです。

釈　本当ですね。やはり上方落語の中心は大阪だったからではないでしょうか。しかも船場《せんば》が舞台。船場は北御堂（本願寺派）と南御堂（大谷派）が軸になった地域です。そうなるとどうしても南無阿弥陀仏の噺が多くなります。

文我　「花筏《はないかだ》」というネタでも、肝心の場面でお念仏が出てきますね。南無阿弥陀仏の教えが庶民にとって身近なものだったからこそ、落語の中で数多く取り上げられてきたのですね。

宗教都市としての大阪

釈　庶民にとって身近であったことと共に、落語が浄土宗や浄土真宗のお説教に影響を受けている面もあると思います。特に近世において、浄土真宗のお説教は大変発達しました。それと、やはり船場の文化ですね。落語には、船場の旦那さんが「お寺の法座へ行く」といった描写が出てきます。「後生鰻」もそこが発端です。でも、中には「親子茶屋」のように、「お説教を聞きに行く」と出かけて、遊びに行ってしまう旦那さんも出てきますね（笑）。

文我　人間はまじめなところと、いい加減なところを持ち合わせていないと具合が悪いみたいです。当時、大阪は江戸から遠いので勝手なことができた。しかし、いい気になりすぎると財産を没収されますから、たまにはお上《かみ》の言うことも聞く。すると、「大目に見てやろうか」ということになる。こういう機微というか、加減が大事なんですね。

適塾《てきじゅく》が大阪にできたのは、貨幣流通の真ん中だったからといわれていますね。ものは生産しないけれど、世のなかで商人というものが重要になってきた。商いの暖簾《のれん》や看板という信用には、主人の教養や信心が含まれていたのではないでしょうか。

釈　そういう面もあります。商売人は新興勢力ですから、武士や農民とは違う指針や倫理を求めていました。その結果、適塾や懐徳《かいとく》堂《どう》といった子弟教育の場を作り上げたのです。大阪は、宗教都市であり、教育都市であり、商業都市であり、さまざまに変貌してきました。落語を聞くと、そんな大阪の隠れている顔を見ることができます。

文我　天満の天神さん、四天王寺さんと大阪には核になるお寺や神社がありますが、さて、北と南の御堂さんは、なぜあの場所にできたのでしょうか。

釈　もともと現在の大阪城のあたりに蓮如上人の坊舎があり、そこへ本願寺が移転されます。大きな寺内町ができて、自治能力性が高く、自衛集団もありました。各地の寺内町とのネットワークも発達していて、さまざまな商業の中心地でもあったようです。そのにぎわいぶりは、キリスト教宣教師が驚いて書き残しているほどです。でも、この大坂本願寺が織田信長によって奪われてしまい、その後、豊臣秀吉は大坂城を築城します。

一方、本願寺は、何度かの移転を経て現在の場所へと落ち着きます。同時に大坂の真宗門徒の拠点として、大坂本願寺があった場所の西に南北の御堂が建立されました。

文我　堺筋は、昔は御堂筋よりにぎやかだったようです。古典落語に御堂筋は、あまり出てきません。

それにしても、大空襲で大阪の風景がだいぶ変わって、商いも変わりましたね。

釈　大空襲で一度壊滅したのが大きい。結局、船場の真宗文化もダメになりました。

文我　新町は日本の三郭《くるわ》のひとつだったのが、今は見る影もないオフィス街です。町は変動していきますが、北と南の御堂さんはどーんと動かない。いやあ、お寺というのはすごいですね。

お寺での落語が大好きです

釈　師匠は年間300席もの高座をつとめ、寄《よ》席《せ》だけでなくいろいろな場所で落語をされていますが、お寺というのは話しやすい場所ですか。

文我　大好きです。「365日、お寺で落語を」となったら、こんなうれしいことはない。ふだん、お説教を聞き慣れている人たちを前に話すのですから。いわば、すでに〝田興《たおこ》し〟をしてあって、土がこなれて水も張ってある。私は稲を持ってきて、植えるだけ（笑）。すごく楽なんです。

お寺参りを楽しみにしている人がもっと増えて、落語をお寺でさせていただけたら、市民会館とか寄席とかはいらなくなる。落語目当ての人も、お説教目当ての人も、「お寺へ行ったら、すごく良かった。これからも行ってみよう」ということになってほしい。落語とお説教の相互乗り入れが進むと、すごいことになりますよ。

釈　昔から日本の寺院では法要が終わった後、演芸やお能を楽しむ文化がありました。

お寺の本堂は聞法《もんぼう》の場所であり、学びの場所であり、時には娯楽の場所でした。

文我　昔から伝わる落語に、しっかりとした骨があるのが、それが宗教の部分かもしれません。骨に肉をつけるのが、私たちの仕事。肉づけが昨日と今日で変わるのが楽しみです。

まったく言うつもりのなかった言葉が、自然と口に出ることがあります。登場人物が、そう言わざるを得ない流れになっていく。何か見えない力のようなものが、そうさせてくれているような……。このように話がスパークする状態を「降りてくる」という人もいますが、私は「恵んでいただく」に近い気がします。

釈　それは興味深い。スパークというと、光の中から語りが出てくるという感じですか。

文我　光とか香りとか、いつもと違う何かを感じることがあります。江戸時代のお坊さんのお説教が、なんらかの形で私の口から出てくるのかもしれない、お寺では、そう思って話をさせてもらっています。

釈　しかし考えてみると、落語には伴奏も衣装もメイクも背景もなく、扇子と手ぬぐいの素ばなし。補助的な要素がないので、モロに語りの巧拙がでます。だから落語は、シロウトが聞いても、上手・下手がわかってしまいます。その点、ある意味残酷な芸能ですね。

文我　落語は、お客さんの想像力（創造力）と集中力と体力に期待しなければなりません。話を聞いてヘトヘトになるのは、お客さんのほうです。お風呂みたいなものでしょうか。お風呂も気持ちはいいけど湯あたりする時があります。

釈 落語は聞き手側のイマジネーションによって成立するので、ふだんから人間観察や自己分析をしている人のほうが楽しめます。そのあたりもちょっとお説教に似ています。

語り手と聞き手のシンクロが心地よい

文我 歌舞伎とか文楽とかコンサートにくらべて、落語はワクワク度が低いでしょ。みんな立ち上がって、腕振ったりしないですからね（笑）。

釈 確かに。舞台や高座に、一人が座ってるだけで。動きも少ないですからね。

文我 ワクワク度が低いのが、大きなポイントですね。お寺にもワクワクしてくる人は、そんなにいないのではないでしょうか。でも、いいお話を聞いたり、みんなで手を合わせると、帰る時の満足度は高いと思います。

釈 「強い刺激を楽しむ」というのではありませんからね。むしろ自分で増幅して楽しむ。噺の中におばあちゃんが出てくると、それぞれのおばあちゃん像がふくらむわけです。ただ、見事な落語を聞いていると、語り手と聞き手のイメージがシンクロし始めます。場が一体化してくる。あの心地よさはなんともいえません。お説教の場も似ていて、シンクロすると、心と身体に喜びが満ちてきます。

文我 踊りも音楽も使わずに、その状態にもっていければ、落語家冥利に尽きます。究極は、ふと気づいて、「こんなに時間が経っていたのか」という夢心地ですね。

釈 つまり、語り側の事情以上に、聞く側の成熟が問題なんですね。『阿育王経』の「樹の因縁」では我が身を投げ出すことで悟るお坊さんが出てきましたが、聞く側が語りに身をゆだねることができるかどうか。

文我 聞きなれた人は、「落語家を信じて聞いてみよう」という姿勢でいてくださいます。多くの人が話を伝えてくださったからこそ、現代でこの話が聞ける。目の前の落語家が話を習った人は明治生まれ、その前は幕末、その前は江戸中期……「脈々と伝わってきたから、この落語家の芸を信用しよう」と思っていただけるのではないでしょうか。そのあたりも、宗教と似ていますね。

釈 お説教のお聴聞を続けている人は、落語や講談や浪曲といった語り芸も楽しめると思います。いろいろ聞いてみると、意外な共通点に気づくかもしれません。

まずは本堂で重誓偈をお勤めし、法話を聞きます。

厨房は大忙し。7～8人のスタッフが2日前から準備をします。

標高640m、のどかな山里にある浄謙寺。

広島県北広島町

浄謙寺

山里のお寺で味わう「精進イタリアン」

浄謙彰文住職と恭子さん

魚、肉、卵、乳製品を使わずに

広島市の中心部から車で約1時間半、いくつもの山を越えた静かな里に、次々と車がやってきます。まずは本堂でお勤めをし、住職の浄謙彰文《じょうけんしょうぶん》さんの法話を聞いてから、いよいよ食事の始まり。

さすがお寺、本格的な精進《しょうじん》料理用のお膳が運ばれてくると「わぁー！」と声があがります。坊守《ぼうもり》の恭子さんの「今日のお料理には60種類以上の野菜を使っています」との説明に、またまた「ほうーっ」と感嘆の声。一の膳、二の膳……どれも魚、肉、卵、乳製品を一切使わない精進料理。味付けはオリーブオイル、ビネガー、バルサミコ酢などのほか、野菜からていねいにとったブイヨン（だし）が決め手になるそうです。

島根から友人と来た女性は「本堂でのお経やお話、そしてやさしい味の料理……あわただしい日々の中、ここではゆったりと過ごせますね」と笑顔。広島市内から訪れた女性も「料理に使われる素材の味がそれぞれ明確。野菜のおいしさを再発見できました」と話します。

テレビで紹介され予約ぎっしり

精進イタリアンを始めたのは２００９年。母の日に娘さんからプレゼントされた料理本『イタリアン精進レシピ』（本願寺出版社）を見て、「これだったらできそう」（恭子さん）と思ったのがきっかけ。テレビ番組『人生の楽園』で紹介されるなど話題になり、今や年間１千人以上がはるばる

本膳は野菜のソテー、
ミネストローネ、
じゃがいものピューレなど。

二の膳は次々と
盛りだくさん、
コロッケやしば栗の
リゾットも。

デザートは山なしの
コンポート。

訪れます。すでに1年後の予約が入り、キャンセル待ちもあるほど。

料理がいただけるのは5月～11月の金土日だけ。というのも浄謙寺のある芸北地方はスキー場が点在し、りんごが特産という雪の多い地域だからです。

「冬は厳しいです。田舎はどこも過疎高齢化で大変な状況で、お寺も大変です。お寺の存続をにらみながらいろいろな方法で親鸞聖人のおみのりを伝えなければと思います。遠いところからわざわざ来てくださるのがありがたい」と住職。

「野菜はご門徒やご近所さんから買わせてもらいます。皮むきなど手間のかかる作業はお年寄りに頼みます。仕事ができてうれしいと喜ばれますね。地元のお役に立てるのが何よりです」と恭子さん。周辺の農家と連携してブルーベリー摘みやりんご狩りを楽しむ企画も始めています。

研修会で訪れた広島県のお寺の坊守の会の皆さん。食後は茶室でお抹茶をいただきます。お菓子も手作り。

MEMO

浄謙寺　広島県山県郡北広島町奥原161

TEL.0826-35-0730

・料理は１人4,000円+税
・5月～11月の金土日　午前11時～午後2時
・要予約（35人まで）
※詳細はお問い合わせください

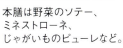

田舎のお寺が
おいしい
楽しい

多種類のジャムを販売。試食もできます。

海のそばに建つ瀬戸内ジャムズガーデン。島は柳井市と橋でつながっています。

山口県周防大島

瀬戸内ジャムズガーデン

年間150種の手づくりジャムで島おこし

お寺の庫裏でジャムづくり

瀬戸内国定公園の西の端にある周防大島で、荘厳寺《しょうごんじ》副住職の松嶋智明《ちあき》さんと夫の匡史《ただし》さんが経営するのが「瀬戸内ジャムズガーデン」。真正面に海をのぞむ絶好のロケーションにあります。

もともと匡史さんは電力会社のサラリーマン。新婚旅行で訪れたパリで多彩なジャムに魅了され「ジャム屋をやりたい！」と決意。智明さんは「とんでもない」と反対したものの、お父さんの白鳥文明住職の「おもしろい、やれよ！」の言葉に後押しされ、温暖で自然豊かな故郷に戻ってきたのでした。

お寺の庫裏《くり》でジャムを作り夏季限定販売を始めたのが２００３年。「やっていけそう！」と確信できてから脱サラ。２０１５年には26人のスタッフ、契約農家は52軒、一年に10万本のジャムを販売するほどに成長したのです。

人気の理由は種類の多さ。常時20～30種、年間はなんと150種。ぶどう、いちじく、梅、すもも、アンズ、いよかん、熟す前の青蜜柑、黄色く熟したかぼす……季節商品をつくることで何度も買いに来るリピーターが増えてきました。智明さんや住職が法事などのたびに「何を栽培？」「いつ収穫？」とご門徒にたずねてリサーチした成果です。

カフェでは、ジャムを使ったメニューが楽しめます。

徹底した手作業で行われるジャム作り。新工場も完成、農園もあります。

荘厳寺は車で2～3分の距離。親鸞聖人像は彫刻家でもある住職の作。

「食の見直し、自然志向という背景もありますが、お寺という後押しがあったから信用され、受け容れてもらえたと思います。今後は若者の就農支援にも力を注ぎたい」と匡史さん。農家の利益になるように、1キロ10円以下が相場の加工用果物を1キロ100円以上で買う心意気に脱帽です。

ホッとする時間を共有したい

かつて周防大島は高齢化日本一の過疎の島。ところが2014年の調査によると移住者・移住希望者が多い地域のひとつに数えられ、人口流出が止まったのです。

島のジャム屋の取り組みは「過疎高齢化の島を救い、新しい風を巻き起こした」と本やテレビで紹介され反響を呼びました。住職は「良い材料と優秀なスタッフのおかげ。それを忘れてはいけないですね」と手綱を引き締めながらも「やっぱりジャムがおいしいから」と笑顔。

智明さんは2人の子をもつお母さんでもあり、み教えをやさしい言葉にして歌う活動も行っています。招かれて歌を披露するほか、荘厳寺で住職の法話と智明さんの歌を楽しみに各地から訪れる人たちも増えています。

3姉妹の長女の智明さん。当初、過疎化の進む島で、寺を継ぐ気はなかったそうですが、「ジャム屋を始めることによって、寺に帰ってくることができました。そしてジャムもお寺も歌も、ホッとする時間を多くの人と共有することでつながっていたことに気付けました」と目を輝かせます。

MEMO

瀬戸内ジャムズガーデン
山口県大島郡周防大島町日前331－8
営業時間10時～18時（11月末～3月末は17時まで）
水・木定休
TEL.0820-73-0002

荘厳寺
山口県大島郡周防大島町日前1992
TEL.0820-73-0351

左から松嶋智明さん、白鳥文明住職、松嶋匡史さん

都会のお寺でほっとする

離郷門信徒の集い

故郷のお寺がやってくる！手を合わせ、お国ことばで語り合うひととき

東京・築地本願寺の講堂で厳かにお勤めが行われています。この日は「北豊《ほっぽう》教区上毛組《こうげそ》第17回在京門信徒の集い」。福岡県豊前《ぶぜん》市周辺のお寺の住職さんたちが上京し、首都圏で暮らす門信徒の皆さんと交流をもつひとときです。平成11年以来、毎年1回必ず開催されてきました。

ご夫婦で欠かさず参加している中村格さんは、「郷里を離れて60年。皆さんと一緒に南無阿弥陀仏を称えると両親の顔が浮かんできます。方言を交えて楽しいひとときを過ごせるのがありがたい」と笑顔。

初参加の田中美佐子さんは「田舎の法事の席で住職から、東京でこんな会があるよと誘われました。来年は主人と一緒に参加したい」とのこと。同じく初参加で奥さんと赤ちゃんも一緒の岸本公平さんは「子どもの頃から住職に可愛がってもらって節目、節目にお寺があったように思います。

築地本願寺ならではの重厚な建物で厳かに。

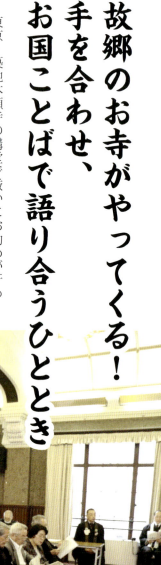

こうした機会をけじめのひとつにしたい」。

宗門では急速な都市化が進んだ1970年頃から、故郷を離れ都会で暮らす人たちにお寺とのつながりをもってもらうため「離郷門信徒《りきょうもんしんと》のつどい」の取り組みを始めました。そして現在では首都圏だけでなく中京圏や関西圏でもつどいをサポートしています。

この会の世話役である霍野《つるの》廣紹《こうしょう》さん（覚円寺住職）は、「東京でお寺とのお付き合いがない人が他の宗旨でお葬式を行っていたと聞くと残念。ご先祖がお念仏を大切に護ってきたのですから、近くの本願寺派のお寺を紹介するようにしています。ご縁が広がって奥さんやご主人、お子さん、お孫さんを連れて来てくださるのがうれしいですね。これからも年1回、お会いしましょう」とにこやかに呼びかけます。

MEMO

離郷門信徒のつどい会場

◎京都・本願寺
TEL.075-371-5181
◎東京・築地本願寺
TEL.03-3541-1131
◎愛知・名古屋別院
TEL.052-321-0028
◎大阪・津村別院
TEL. 06-6261-6796
全国の別院や教務所で
開催もできます。

問い合わせ
寺院活動支援部
（過疎地域対策担当）
浄土真宗本願寺派宗務所内
TEL.075-371-5181

本堂前の階段で記念撮影

「正信偈」のお勤めの間、ひとりずつお焼香をします。

場所を移して、みんなでお斎をいただきます。

都会のお寺でほっとする

築地本願寺ランチタイムコンサート

パイプオルガンの音色に癒される午後のひととき

2007年から始まった築地本願寺ランチタイムコンサート。すでに100回を超え、地元のファンだけでなく、ふらりと訪れる観光客などが集う築地界隈の人気イベントになっています。

このコンサートの特徴は、厳かな本堂で聴くパイプオルガンの調べ。3メートルから1センチまで大小2千本のパイプ（笛）が豊かで繊細な音を奏で、歌や他の楽器とのセッションも好評です。

来場者は「コンサートがあると聞いて来ました。こんな素晴らしい雰囲気で音楽を聴くと心が洗われますね」「たまたま前を通りがかったのですがとても良かった。また来たいと思っています」と嬉しそうに感想を話してくれました。

コンサートを機に築地本願寺や地元のお寺を身近に感じて仏教に興味をもち、法話や講座に参加したいという人も増えているそうです。

MEMO

築地本願寺
東京都中央区築地 3-15-1
TEL.03-3541-1131

ランチタイムコンサート
毎月最終金曜日
12 時 20 分～ 12 時 50 分
入場無料

パイプオルガンは 1970 年に仏教伝道協会から寄進されたもの。

毎回 600 人以上が訪れる本堂。

都会のお寺でほっとする

神谷町オープンテラス

思い思いにくつろぐオフィス街のオアシス

東京タワーが見えるオフィス街の一角。こんもりと茂った緑の中にあるお寺の門を入る人、出てくる人……だれもが通い慣れた雰囲気です。2階の広縁にはお弁当を広げたり本を読んだり、周辺で働く人たちの思い思いにくつろぐ姿がありました。「地域に開かれたお寺に」と光明寺がオープンテラスを始めたのは2005年。口コミやブログなどで広がり、今では1日に70人ほどがテラスを利用します。出入りは自由ですが、予約すればお茶やお菓子をテラスでいただける「おもてなし」もしてもらえるそうです。

愛称〝店長〟としてテラスを取り仕切る僧侶の木原祐健さんは、「このお寺の広縁はもともと参拝者が休むところ。忙しい日常、阿弥陀さまに見守られる和やかな場であってほしいですね。門信徒だけでなく、皆さんに大事に思っていただけるお寺でありたい」と願います。

人間関係などの悩みをもつ人に、木原さんがじっくりと話を聞く「傾聴《けいちょう》」も好評で、光明寺は心身ともに癒される貴重な存在となっています。

広々とした空間でひと休み。毎日訪れる人もいます。

皆さんに親しまれている僧侶の木原祐健さん。

MEMO

光明寺　東京都港区虎ノ門3－25－1

■オープンテラスの使用は9時～17時頃（土・日・祝は休み、臨休あり）

■傾聴　木曜日　11時～14時

■おもてなし　水曜日・金曜日　11時～14時（4月中旬～10月末）

※傾聴とおもてなしはメールで要予約

E-mail:kot@komyo.net　Blog:http://www.komyo.net/kot/

都会のお寺でほっとする

仏教音楽

西本願寺御堂に響く仏教讃歌

「仏教音楽」と聞いて、みなさんはどのようなものをイメージされるでしょうか。

一般には、声明《しょうみょう》や御詠歌《ごえいか》、雅楽《ががく》など、仏教に関する伝統的な日本の音楽をいいますが、加えて20世紀以降の仏教界では、西洋音楽のスタイルで書かれた作品も、数多く発表されてきました。

それらの新しい作品は「仏教讃歌」と呼ばれ、伝統ある仏教界のなかでも、特に浄土真宗を中心に、近代に生まれた数少ない仏教文化のひとつとして、今日親しまれています。

また仏教讃歌は、個人的に音楽作品として聴いて楽しまれているのみならず、信仰を同じくする人びとによって「一緒に」歌われ、宗門の行事のさまざまな場面で聴かれることも、大きな特徴です。

そのような仏教讃歌の盛り上がりを象徴する催しのひとつに、御堂演奏会《みどうえんそうかい》があります。

この催しは、名称にあるとおり、浄土真宗本願寺派の本山本願寺のお御堂で行われるもので、一般的な演奏会とはまた別の趣きがあります。２０１５年度には116グループ、１４５２名が参加しました。

全国各地で仏教讃歌に親しむ方がたが、文字通り一堂に会して大合唱するこの催しは、参加者の皆さんにとって、1年間の練習成果の発表の機会となっていると同時に、音楽をご縁とした本山参拝の機会でもあり、その瞬間のお御堂は、まさに仏教讃歌の響きに包まれた「音《おと》御《み》堂《どう》」となっています。

開催時期などのお問い合わせは西本願寺まで
075（371）5181（代）

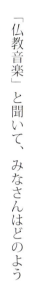

生まれた時からお寺へお参り

「お寺」と聞いてイメージされるのは「法要・葬儀を行う」「法話を開く」という人が多いと思います。じつは、誕生して1歳くらいまでの子どもがお寺へ初めてお参りする「初参式（初参り）」を行っているお寺があります（西本願寺では初参式の予約を常時受け付けています）。

初参式に始まり、生涯のいろんな場面に「お寺」は関わっています。

幼児から小学生くらいまでを対象にした「日曜（土曜）学校」を開催しているお寺は約1千650カ寺あります（「キッズサンガ」という名称で開催することもあります）。

幼稚園や保育園を運営しているお寺が全国に1千カ寺ほどあります。また、西本願寺（浄土真宗本願寺派）に関係する学校が、２０１８年度では全国に24学園69校あります（大学・高校名は左ページ）。

20歳になると「成人式」を行うお寺もあります（西本願寺では毎年「成人の日」の前に行います）。

仏前結婚式を行っているお寺もあります（西本願寺では仏前結婚式の予約を常時行っています）。

また、約200カ寺では、ボーイスカウト・ガールスカウトの団（日本連盟に所属）をお寺で結成して活動しています。そのほか、仏教青年会、仏教壮年会や仏教婦人会を組織しているお寺があります（60・61ページで紹介）。

私たちの生活（生涯）に直結した活動を行っているお寺が全国に沢山あります。

このような活動をなぜ行うのでしょうか。理由の一つは、これらの活動が信仰心を深めるための手掛かり（縁）になるからです。また、私たちは「心身共の健康」を願って「身体の健康」のために食事に注意したり運動をしたりしていますが、「心の健康」については意外におろそかになっています。このような活動を行うことは「心の健康」を維持する手掛かりでもあります。

宗門に関係する大学・高校

旭川龍谷高校（北海道）札幌龍谷学園高校（同）双葉高校（同）武蔵野大学・同女子学院高校・同千代田女学園高等学院（東京）国府台女子学院高等部（千葉）龍谷富山高校（富山）高岡龍谷高校（同）金沢龍谷高校（石川）北陸高校（福井）岐阜聖徳学園大学・同短期大学部・同高校（岐阜）龍谷大学・同付属平安高校（京都）京都女子大学・同高校（同）相愛大学・同高校（大阪）神戸龍谷高校（兵庫）兵庫大学・同附属須磨ノ浦高校・神戸国際高校（同）岡山龍谷高校（岡山）崇徳高校（広島）進徳女子高校（同）敬愛高校（福岡）筑紫女学園大学・同高校（同）東九州短期大学・同龍谷高校（大分）九州龍谷短期大学・龍谷高校（佐賀）敬徳高校（同）。このほか、中学校・少学校・幼稚園などあります。

（2018年度）

仏教青年会・仏教壮年会・仏教婦人会

お寺の活動に参加しませんか

浄土真宗本願寺派（西本願寺）のお寺の活動の組織として仏教青年会、仏教壮年会、仏教婦人会があります。

仏青《ぶっせい》、仏壮《ぶっそう》、仏婦《ぶっぷ》という略称で呼ばれている3つの教化団体は、全国組織として仏教青年連盟、仏教壮年会連盟、仏教婦人会総連盟があり、地方組織が31の教区と沖縄特別区、さらに523の組《そ》にありそれぞれ活動しています。

仏教青年連盟

300カ寺ほどに組織され、毎年「真宗青年の集い（全国大会）」を開催しています。1951年に全国組織が発足しました。

仏教壮年会連盟

2千600カ寺に組織され、壮年層が活動しています。1981年に寺院での活動が始まり2008年に連盟が設立されました。

仏教青年連盟（全国真宗青年の集い）

仏教婦人会総連盟

6千200カ寺に組織されています。1832（天保3）年に発足した最勝講が前身になり、1907（明治40）年に連合体が発足。1947年に現在の組織になりました。

海外の開教区（北米・ハワイ・南米・カナダ）にもそれぞれ連盟が組織され、4年毎に世界大会を開催しています。

全国組織としては、このほか（58・59ページで紹介した）少年連盟（日曜・土曜学校）、保育連盟（保育園・幼稚園）、スカウト指導者会（スカウト活動）があります。

仏教壮年会連盟（全国仏教壮年大会）

仏教婦人会総連盟（世界大会）

法座・講演会・勉強会

お寺の法座に参加しませんか

浄土真宗本願寺派の寺院は、全国に1万200カ寺あります。お寺では法要と併せて法座（法話を聴く座）が開かれます。親鸞聖人のみ教えを聴く大事な機会です。法話を聴くことは浄土真宗の門徒としての基本です。「常例《じょうれい》」と言って、定期的に法座を開いているお寺もあります。法要は、報恩講、彼岸会、降誕会、永代経、盆会、元旦会などありますが「常例」も含めてどの法要や法座を開催するかはお寺によって違います。

法要・法座は、各寺院の門信徒にお知らせして開催されますが、最近はインターネットなどで広く広報している寺院もあります。また、市民を対象にして仏教や浄土真宗の講演会を行っている寺院があります。さらに、経典（聖典）の学習やおつとめ（勤行）の練習会を行っている寺院もあります。一時衰退しましたが「節談《ふしだん》説教」を復活し

聞法会館での法座

て開催している寺院もあります。

お寺での開催のほかに家庭法座と言って、門徒（信者）の家に僧侶を招いて開催することもあります。近所の人や聴聞する仲間に案内し開かれます。

浄土真宗本願寺派の本山（西本願寺＝京都市）ではほとんど毎日、（常例）法話が行われています（午前6時から朝のおつとめの後、午後2時、午後7時）。このほか法要に併せての法話（特別講演）、日曜講演（隔週）や「お西さんを知ろう！」などもあります。

また、本山の直轄寺院である築地本願寺（東京都中央区）や直属寺院である別院・教堂（全国に61カ所）でも法要・法話や「常例」の法話が開催されています。一覧表（76・77ページ）に掲載の電話番号へお問い合わせください。「西本願寺」「築地本願寺」のほかホームページを開設している別院、寺院があります。別院名、寺院名で検索してください。

家庭法座

連続研修会

連続研修会　浄土真宗の教えを学ぶためには連続研修会（連研）に参加する方法があります。主に「組《そ》」という寺院の組織体で連研を開催している地域に限られますが、期間を限って、連続して開催される研修会です。連研を修了した人は本願寺で行われる中央教修に参加した後、「門徒推進員」として宗門の運動である「御同朋の社会をめざす運動（実践運動）」を推進します。

通信教育　中央仏教学院

もう一歩進んで仏教を学びたい人へ

もう一歩進んで浄土真宗を学ぶ場として中央仏教学院の通信教育があります。昭和47（1972）年に開設されて現在までに約3万5千人の受講生がいます。1年（入門課程）コースと3年（学習課程・専修課程）コースがあり、毎年9月から新学期になります。

「通信教育部」は、京都市右京区にある中央仏教学院に併設されていますが、同学院は僧侶養成のための機関です。大正9（1920）年に開校しています。なお全日制の新学期は4月からで予科（義務教育修了者＝1年）、本科（高校卒・予科修了者＝1年間）、研究科（本科修了者＝1年間）のコースがあります。幅広い年齢の方が学んでいます。

仏教学院は、中央仏教学院のほかに東京仏教学院（築地本願寺内）、行信教校（大阪）、広島仏教学院があります。

入学式

スクーリング

浄土真宗本願寺派 中央仏教学院 通信教育部のご案内

毎年9月開講

カリキュラム

○入門課程　1年
基本的な教えを学ぶ、基礎的なコースです。

○学習課程　3年
浄土真宗や仏教の学習を体系的に学ぶための、一般向けのコースです。

○専修課程　3年（※）
本願寺派の僧侶資格を得るためのコースです。
※入学にあたっては、本願寺派寺院の住職の承認が必要となります。

【お問い合わせ・願書請求】
〒615-0091
京都市右京区山ノ内御堂殿町27
中央仏教学院
通信教育部
TEL：075-801-3507
FAX：075-822-5539
http://www.chubutsu-tsukyo.jp/

私も中央仏教学院で学びました

弁護士　大平　光代さん

中央仏教学院通信教育部専修課程に入学したのは平成16年のこと。当初は全日制に1年間みっちり通うつもりでいたのですが、大阪市助役に就任することが急に決まり通信教育に変更したのです。

学びのきっかけは、弁護士になって少年事件を担当して、基本的な話が通じない子どもが多いことに愕然としたからです。傷つけられたら自分は痛い、しかし相手は痛くても関係ない、そんな論理を口にして平然としている子どもたちに、人として大切なことを伝えたい、それには私が仏教を系統立てて学ばなければと思ったのです。

私は浄土真宗の熱心な門徒だった祖母から、「だれも見てないと思っても、まんまんちゃんが見てはるよ」という言葉をしょっちゅう聞かされました。そしてお仏壇の前で手を合わせることを当たり前のようにして育ちました。子どもの頃に、なにか大きな存在に見守られているという感覚が育っていたからこそ、非行から立ち直れたと思っています。

しかし仏教を学ぶのは初めてのこと。通信教育のテキストとCDがどさりと届いた時は「これ日本語？」と心が折れそうになりました。助役の仕事はとても忙しく、勉強する時間などほとんどありません。たとえちんぷんかんぷんでもお風呂でCDを聴き、毎日15分テキストを開くことを日課にしていると、不思議なことに少しずつ理解できるようになってきました。

通信教育で学んだ3年の間に、助役辞任、結婚、出産と私生活もめまぐるしく変化しました。怒りや悔しさに震えた時も、幸せに感謝した時も、勉強を続けてきたことが私の支えとなりました。

仏教、そして親鸞聖人の教えは特別なものではなく、生活のなかで私に寄り添い、頷かせてくださいます。これからも日々、教えを心の柱として自分らしく生きていきたいと思います。

本願寺発
行動する
人々

社会と手をつなぐ
こんな人たちがいます

アジアの人々と手をつなぐ

JIPPO専務理事
龍谷大学名誉教授
中村　尚司さん

NPO法人　JIPPO（じっぽう）
京都市下京区堀川通花屋町下ル
本願寺門前町
TEL．075－371－5210

無農薬のお茶を通してアジアと交流

――JIPPO（じっぽう）とはなんですか。

中村　2008年に設立された浄土真宗本願寺派が母体のNPO法人で、「じっぽう＝十方」とは四方八方に上と下を合わせた、あらゆる場所という意味。「平和構築」「貧困問題」「災害救援」「環境問題」の4つの柱を掲げ、社会貢献を行っています。

皆さんにわかりやすい活動がしたいと考え、最初に紅茶とコーヒーのフェアトレードを始めました。私はアジアの農村研究が専門なので、スリランカや東ティモールに親しい人たちがいます。茶畑やコーヒー園で働く弱い立場の人たちの収入安定が目的ですが、1杯の紅茶やコーヒーを飲んで「貧困」について考えていただけるとありがたい。無農薬で香り

高くおいしいと評判です。産地へのスタディーツアーも実施し、商品の移動だけでなく人の交流も進めています。

――アジアの国々へ教育支援、東北の復興支援とさまざまに取り組んでおられますね。

中村　スリランカの幼稚園改修や教育者研修、ミャンマー寺子屋支援などを行ってきました。うれしいことに、2013年の台風で被害を受けたフィリピンの小学校も近々再建できます。宗派の「たすけあい運動募金」から資金提供を受けて着工しましたがとても難航しました。道路がなく資材を運ぶにも小さな丸木橋を渡らないといけないほどの僻地です。私もバイクの後ろに乗せてもらって行きましたが、そんな環境でも子どもたちは一生懸命勉強したいと

思っているのです。
　国内では東北地方の物品販売、被爆ピアノの演奏会、南相馬市産なたね油の販売などをしています。原発事故で屋外遊びができなくなった子どもたちを招いて、他県で野外活動をしたらとても喜んでくれました。その時その時に、本当に困っている人たちに草の根で支援していくのが私たちのポリシーですが、元国連代表の明石康氏による講演など、平和構築の啓発もしています。

日本の子どもの貧困が深刻

——長い間、京都の野宿者支援の活動も続けておられますね。

中村　龍谷大学ボランティア・NPO活動センターと協力して続けています。高瀬川の橋の下など便所も水道もない、消防車も救急車も来ないところで暮らしている人がたくさんいました。しかし市の空き缶条例によって、急激に減ってきました。「空き缶を集めるのが犯罪」になり、糧《かて》を得ることができずに居場所がなくなったのです。
　今や日本国内が格差社会になり、シングルマザーやDVの問題に見え隠れしている子どもたちの貧困が深刻です。修学旅行に行けない子どもたちもいて、JIPPOで何とかできないか話し合っているところです。私は家が貧しいうえに体が弱く劣等感だらけの子どもでしたが、親が無理して水泳学校に通わせてくれたおかげで水泳だけには自信がもてました。子どもたちに何かひとつでも自信を持たせてあげられたらいいですね。

——今後のJIPPOの活動の展望は。

中村　私たちの存在はささやかですが、常に「仏教者としてどう生きるか」を問い続ける必要があります。そして、JIPPOの活動を通じて西本願寺が広く知られるようにと願っています。
　門信徒の多い北米や南米、ハワイでは浄土真宗はよく知られていますが、仏教国といわれるタイ、ラオス、カンボジアや、仏教が伝来してきたインド、中国、朝鮮半島でもあまり知られていないのは残念です。ともに生きる人々が平和で穏やかに暮らすことを願われた親鸞聖人の教えが広がるように、さまざまな国のさまざまな人たちと交流の場をつくっていきたいと思います。

本願寺発
行動する
人々

社会と手をつなぐ
こんな人たちがいます

生は不思議、死は必然
医療現場に仏教の視点を

西本願寺医師の会　発起人
大分　佐藤第二病院院長
龍谷大学大学院実践真宗学研究科教授

田畑　正久さん

生老病死の課題に取り組む

――西本願寺医師の会とは？

田畑　２０１５年２月に発足した医師のグループで、約150人の会員がいます。仏教界では初めての取り組みで、浄土真宗本願寺派の僧侶やお寺の子弟、門徒、会の趣旨に賛同する人などで構成されています。み教えをご縁に学び、課題を共有し合って、医療と仏教の協力関係を築くのが目的です。

――なぜ医療と仏教の協力関係が必要なのですか。

田畑　医療も仏教も「生老病死」という人間の根源的な苦悩に取り組みます。しかし日本の病院では医療と仏教が連携することなど考えられません。病院で僧衣を着たお坊さんがいると皆さんギョッとするでしょう。

欧米の病院には臨床宗教師（チャプレン）が常駐し、死にゆく人に寄り添います。医師には体の痛みはコントロールできても、心の痛み、つまり死に対する不安は取り除けないからです。「私はもう死ぬのですか」「死んだらどうなるのですか」と問われた時に、逃げたり誤魔化したりせずに真剣に向き合う人が必要です。

医師はふだん老病死に接しているので達観していると思われがちですが、一般の人とそう変わりません。他人は死ぬけれども自分は死ぬとは思っていない、あるいは死を忘れたふりをしている。だけど、いざ病気になったら「なんで私が」「悪いことしていないのに」と愕然とすることになります。

死のハッピーエンドは、家族に囲まれて痛みもなく穏やかな最期だった、だから良かった、となりがちだけど、もしかすると周囲だけが満足して本人の苦悩は無視されている可能性もあります。「生老病死」を医学だけではなく仏教的な視点で受けとる医療従事者が求められているのです。

西本願寺　医師の会事務局
（浄土真宗本願寺派宗務所内）
TEL．075-371-5181

患者さんは人生を教えてくれる師

――日本でも医療の場で働く宗教家「臨床宗教師」が育ってきているそうですね。

田畑　医師から宗教者へ、適切なバトンタッチが必要だと多くの人が気づいて「臨床宗教師」の育成が始まり、力のある僧侶も育っています。本願寺が運営するあそかビハーラ病院や他宗教の医療機関にも宗教家が常駐するところが増えています。

宗教家の存在は患者さんや家族のためだけでなく、医師や看護師にとってもよいことです。燃え尽きてしまう若い医師がいますが、老病死を敗北という発想ではなく、生死を超えた視点をもつ宗教者がいるとメンタルケアにもなるからです。

医師自身、仏教的なバックボーンがなければ、本能のままに金儲けだけして終わる可能性もあります。それでよいと思える人はいいけれど、実りある人生だった、本当に喜んでくれる人がいたという人生を私は選びたい。

ある意味、患者さんは人生とはどういうものかを教えてくれる存在。患者さんを師と見るか、ビジネスの対象としか見ないかの違いが、医師の人生の充実度に必ず結びつくのです。

――医師の会のこれからの方向は？

田畑　講演会や研究発表などを行って、さまざまな意見交換をしましたが具体的な展開は模索中です。

現代の医療の問題、たとえば高齢化で増えている認知症や延命治療などを仏教的にどう考えるか。胃ろうなどの経管栄養は、欧米ではあくまで一時的な医療行為だとされています。あるいは神経難病で人工呼吸器を付ける必要があり、なおかつ意識はしっかりしている方たちに、お念仏を通して生きる勇気をもっていただけるには…という課題にも取り組んでいきたいと思います。

私はこれまで、医療従事者に仏教の視点をもってもらうために講義や講演を積極的に引き受けてきましたが、本願寺が主体となって若い医師に仏教のレクチャーをする場をもってほしいと思います。そのためには浄土真宗の枠を超えて、いろいろな仏教の宗派と協力し合うことが必要でしょう。

京都大学の元学長で解剖学の平澤興《ひらさわこう》先生が「愚かさとは深い知性と謙虚さである」とおっしゃっています。愚かさは深い知性があって初めてわかる、だから謙虚になるというのです。そういう視点を仏教というものが教えてくれるのです。お医者さんたちはあまり宗教を認めないけれど、「人間とは」「人生とは」の問いを全体的な世界観で把握しているのが宗教。医学は局所しかわかっていないという謙虚さが医師には必要だと思います。

仏教ホスピスでがん患者とともに

あそかビハーラ病院　常駐僧侶
花岡　尚樹さん

「もう長くないのかな」のつぶやきに耳を傾ける

―あそかビハーラ病院とは？

花岡　日本で唯一、仏教思想を基本理念として既成仏教教団が単独で設立した緩和ケア病棟で、終末期のがん患者さんが過ごすための病院です。ビハーラとはサンスクリット語で「心身のやすらぐ場所」という意味。浄土真宗本願寺派が取り組んできた医療・仏教・福祉の連携をめざすビハーラ活動を具現化したものといえます。ホールにお仏壇があり、私たちビハーラ僧が常駐していますが、どんな宗教の方でも入院できます。ホスピスは「死を待つところ」というイメージがありますが、心身の痛みや不安を和らげ「その人らしく生きぬける場所」と考えていただければと思います。

―ビハーラ僧はどんな役割をするのですか。

花岡　仏教の話だけをするわけではありません。部屋の掃除や散歩などのお手伝いをしていると「もう長くないのかな」などと患者さんがおっしゃいます。そこから、何を大切に生きてこられたのか、家族への思いなどを聞かせていただくことが多いですね。「つまらん人生だった」とおっしゃった時に、「いい人生だったじゃないですか」など、その場しのぎの言葉はかけません。「なぜ、つまらん人生だったと思われるのですか」と話しやすいように聞き返します。

昨日までできたことができなくなり、死が近づいてくる不安や怖さは家族にも話しにくいと思います。話しても解決しないことの方がもちろん多いのですけれども、気持ちが整理できたり、少し軽くなった

あそかビハーラ病院
京都府城陽市奈島下ノ畔３-３
ＴＥＬ．0774-54-0120

りするかもしれません。話しながら生きてきた意味や価値を見出していただければと思っています。

気をつけているのは価値観を押しつけないこと。「浄土真宗では死んだらどうなるのですか」と聞かれた場合も、「私はこのように聞かせていただいております」とお伝えします。僧侶であっても死に対しては患者さんと同じ立場にあるからです。私が「かわいそう」「不幸だ」と思っていたら、お互いにどんどんつらくなりますが、生死を超えた阿弥陀さまの存在が患者さんと私を同時に支えてくださっているように思います。

医療チームの一員という自覚が必要

――印象に残る患者さんはおられましたか。

花岡　入院は平均2週間なので、大勢の方をお見送りしたことになります。私が34歳の時に同い年の患者さんがおられましたが、経験が浅かった私は何もできませんでした。看護師さんなら血圧や体温をはかるために病室に出入りできますが、僧侶は求められない限り病室に入ることも難しいのです。

自分はなにもできない、いたらない存在の自分であることをその方が教えてくださいました。今でも病室に入るときは緊張し、引き返したいと思うこともありますが、あの時の思いが自分を動かす力になってくれているように感じます。

――今後はもっとビハーラ僧が求められると思われます。心構えや後進の養成などの課題を教えてください。

花岡　患者さんやご家族と信頼関係を築くのは当然で、大切なのは医療者ときちんとタッグを組めること。たとえば、お医者さんはご家族の面会時に患者さんの気分がいいように薬を処方します。それを無視して自分勝手な行動をすると邪魔になるだけです。また看護師さんたちの悩みをフォローするなど、スタッフのケアも大切な役目です。

養成については龍谷大学の臨床宗教師養成課程が設置され、すでに1、2期生が研修に来ておられます。今後は裾野が広がっていくでしょうが、やはり資格より医療者と患者さんの両方を支えられる人間力やコミュニケーション力が必要ですね。今後はこの病院でビハーラ僧の養成をし、修了者が一般の病院で活動できるようになるのが目標です。さらに末期の方だけではなくて、ガンを告知された時点から関わっていくことも必要でしょう。

ビハーラ僧というと特殊なようですが、もともと僧侶は老病死の苦しみを支える存在だったはず。ご門徒さんとの関係で大切な部分が希薄になって、職業的な関わりになっていたのが私自身の大きな反省です。ここは僧侶としての原点に帰れる場所なのかもしれませんね。

本願寺発
行動する
人々

社会と手をつなぐ
こんな人たちがいます

東日本大震災の被災地で訪問活動

龍谷大学世界仏教文化研究センター博士研究員
金沢　豊さん

孤独感や死にたいほどの苦悩に関わる「心のケア」が必要

――仮設住宅の訪問を始めたきっかけは？

金沢　東日本大震災直後、宗門は災害対策本部をいち早く設置しました。被災者支援にはいろいろな方法があります。私に何ができるだろうかと考えた時、阪神・淡路大震災後に孤独死や自死が問題になったので、キーワードは「心のケア」だと感じました。

浄土真宗本願寺派総合研究所には、社会問題と宗教者の関わりを模索する部門があります。当時、そこに所属していた私は、ここで災害後の心のケアに関わらなければ自身が僧侶である事の意義がないのではないかと思いました。

何度も現地を訪れましたが、現状を知れば知るほど何をすべきかわからない状態が続きました。訪問活動を始めたのは20 11年の10月から、基本的に2人ペアで岩手県陸前高田市内の仮設住宅を1軒ずつ訪問していました。

――何人くらいの方と会いましたか。

金沢　訪問したのは1千軒以上です。「死にたい」「誰にもわかってもらえない」と直接口に出さなくても、お会いした空気ですごく心配になる方が時々いらっしゃいます。

あるお宅で50代の女性が「うちは誰も亡くならなかったんだけどね」とおっしゃる。「よかったですね」という言葉が出そうになったのですが、声のトーンが気になって、「そうですか、どなたも亡くなられなかったんですね」と返すと、「そうなのよ。誰も亡くならなくて申し訳ないんです」と。その女性は「よかった」ではなく「申し訳なくて苦しい」気持ちをもっておられたのです。

浄土真宗本願寺派
東北教区災害ボランティアセンター
仙台市青葉区支倉町1―27
ＴＥＬ．022-227-2193

言葉や表情の背景にある気持ちにアンテナを張ることが大事です。訪問後には「あの人は本当はこんな気持ちだったのでは」と訪問者同士で振り返ります。それによってより良い関わり方を模索し、継続が可能になっています。

目の前の人に安心して悲しんでいただける場を提供する

――状況は変化していますか、空気は明るくなってきているのでしょうか。

金沢　宮城県女川町では震災後4年半で80パーセントの人が仮設住宅に留まっているというデータがありました。さらに進捗が遅い行政区もあり、「震災は終わってない」「今が一番しんどい」という人たちと出会うこともしばしばです。「自分はほんとうに生きていていいのか」という根源的な悩みを抱えている方もいらっしゃいます。

――どんな心構えでお話を聞くのですか。

金沢　気持ちを「受けとる」「受け止める」というところでしょうか。その方の状況も、突然涙をこぼされる理由もわからない。でも心配だし、わかりたいという一心です。そして気持ちを受けとったら、ちゃんと受けとりましたというサインを相手に出すことを意識しています。

言い方を換えると「安心して悲しんでいただける場を提供する」ということではないかと思っています。僧侶だからといっていわゆる「心のケア」が完全にできるとは思いませんし、日々、目の前の方の苦悩を受けとることに必死です。

しかし一方的に聴くだけではなかったこともあります。ある時に「お坊さん、あんたにとって元気になる魔法の言葉はありますか」と聞かれたので、「南無阿弥陀仏です、私にとってはこの言葉が非常に大切なんです」と答え、お話をしました。どこまで理解してもらえたかわかりませんが、私にとっては非常にありがたい時間でした。

――ボランティア育成プログラムも運営していますね。

金沢　これまで15回開催して受講者はのべ160～170人、8割が被災地の一般の方です。いろいろな人に関わってもらい、それを継続して支えるのが宗教者の役割であり、また、一緒に学んでいく対等な関係でありたいです。こういったプログラムを先行例として自然災害に備える全国の方に知っていただき、人と人とのより良い関わり方を考える場を提供したいと願っています。

仏教は苦しみを抱えている方を大切にする教えです。目の前で苦しんでいる方の役に立ちたいという僕の思いは、仏教からいただいた人生の原動力だと感じています。

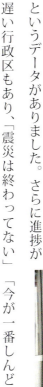

本願寺発
行動する
人々

社会と手をつなぐ
こんな人たちがいます

ひとりぼっちにしない 心の居場所をつくる

NPO法人　京都自死・自殺相談センター代表
竹本　了悟さん

「死にたい」との電話に心で触れ合う

——自死・自殺相談に取り組むきっかけは?

竹本　浄土真宗本願寺派総合研究所で「自死《じし》」に取り組むことになり、会議の中で夫を自死で亡くされた方が体験を語ってくれた時のことです。その方のおっしゃっている苦しみを聞いた時に、めちゃくちゃに泣けてきたのです。忘れていたつもりだったけれど、子どもの頃にいじめにあって「死にたい」と思った記憶が重なったのです。自死は他人事ではなく、自分の問題なんだと強く実感しました。そして、苦しんでおられる方と一緒に居ることは、僕自身にとって自然なことなのだと感じました。

　もうひとつ、東京自殺防止センターというところで研修を受けた時に、防止センターの活動を牽引しておられる牧師さんから「日本ではお坊さんにこの活動をやってほしいんだ」と言われて背中を押されました。その時に、本気で取り組む決意をしました。

——どのような活動をしていますか。

竹本　2010年にNPO法人としてスタートしました。相談窓口では面談、電話相談、メール相談を受けています。それから皆で安心して過ごせる居場所が必要だろうと「おでんの会」「語り合う会」を定期的に開き、シンポジウムなども行っています。一言でいえば、苦しんでおられる方の「心の居場所づくり」をしています。

　電話相談は金曜日と土曜日の夜に行い、1日に15件程の相談があります。「死にたい」と訴えてこられる方の気持ちを丁寧に受け取り、受け取った自分自身の気持ちを素直に言葉にした時、心が触れ合い、相談者も相談員もなく、お互いに温かな気持ちになる時があります。この時、安心できる居場所になっている実感を持ちます。メール相談は始めて3年目になりますが、

NPO法人
京都自死・自殺相談センター
TEL.　075-365-1600
◎電話相談 専用ダイアル **075-365-1616**
　毎週　金・土　19：00～翌朝５：30
◎**HP:http://www.kyoto-jsc.jp/mail/**

表情も声もわからないので対応がより難しいと思っています。

救われていく道は必ずある

――活動のお手本はあったのでしょうか。

竹本　当初は東京自殺防止センターがモデルです。しかしキリスト教の影響が強くどうしても納得できないところがありました。たとえば「権利」という考え方。権利は神から与えられており、自死について自分自身で決定することも、権利であるというのです。神から権利を与えられると考えない僕たちには、相容れないものでした。

自分たちで一から考えようと研究員やボランティアなど10人で研修をスタートしました。徹底的に話し合い、ロールプレイ（相談の練習）を重ねました。特に「もうこの世にいたくない、消えてしまいたい、今から死のうと思っている」といった相談に対する関わり方が中心的な課題です。自分の感情がとても大きく動く真剣な場なので、研修中は、思わず涙することが何度もありました。

――運営上、一番難しいことはなんでしょうか。

竹本　ボランティアの継続・養成が一番難しいです。養成講座を毎年開催して、受講者もすごく研修を楽しんでくれていますが、実際の活動になるとハードルが高くなるようです。相談員になっていただいた場合は、精神的な支えとなるよう月に1回の定期研修で、最近の相談や活動でしんどいこと、疑問に思っていることなどをお互いに共有するようにしています。

――活動の理念、原動力はなんですか。

竹本　僕たちの活動の原点は、苦しんでいる人を「ひとりぼっちにしない」です。別の言い方をすれば、孤独からの解放が一番大きな目的ですね。これは阿弥陀さまが僕たちに与えてくださっていることであり、まさに浄土真宗の教えです。阿弥陀さまのようにはいきませんが、その真似ごとをさせてもらっているというイメージが僕にはあります。

ＮＰＯですから宗教色は出していません。しかし根底には、救われていく道として阿弥陀さまに出遇《であ》って欲しいという思いがあります。自分が救われたなら次に、かつての自分と同じような苦しみを抱えた人と積極的に関わってほしい。その相手が救われることは、自分が救われる以上の喜びや生きる意味を、あらためて実感することになると思います。

この活動を通して、僕自身いろいろなことに自由になりました。いい意味でも悪い意味でも「こうあるべき」と思っていると、そうなれない時に苦しみます。また「こうあるべき」を「やれている」とうぬぼれていると、人に押しつけ傷つけてしまいます。それに気付けたことはすごく大きかったです。

	都道府県	別院・教堂名	所在地	TEL
近　畿	奈良県	奈良教堂(奈良教区教務所)	奈良市七条1丁目11番4号	0742-44-5878
	大阪府	津村別院(大阪教区教務所)	大阪市中央区本町4丁目1番3号	06-6261-6796
		堺別院	堺市堺区神明町東3丁1番10号	072-232-4417
		尾崎別院	阪南市尾崎町2丁目8番19号	072-472-4128
	和歌山県	鷺森別院(和歌山教区教務所)	和歌山市鷺森1番地	073-422-4677
		日高別院	御坊市御坊100番地	0738-22-0518
	兵庫県	神戸別院(兵庫教区教務所)	神戸市中央区下山手通8丁目1番1号	078-341-5949
中　国 四　国	島根県	山陰教堂(山陰教区教務所)	松江市大正町443番地1	0852-21-4747
	広島県	備後教堂(備後教区教務所)	福山市東町2丁目4番5号	084-924-5759
		広島別院(安芸教区教務所)	広島市中区寺町1番19号	082-231-0302
	山口県	山口別院(山口教区教務所)	山口市小郡花園町3番7号	083-973-4111
	香川県	塩屋別院(四州教区教務所)	丸亀市塩屋町4丁目6番1号	0877-22-3016
	高知県	高知別院	高知市追手筋1丁目7番4号	088-823-8390
九　州 沖　縄	福岡県	鎮西別院(北豊教区教務所)	北九州市門司区別院6番1号	093-381-0790
		福岡教堂(福岡教区教務所)	福岡市中央区黒門3番2号	092-771-9081
		大牟田別院	大牟田市上町1丁目6番地の10	0944-52-2924
		門司教堂	北九州市門司区庄司町4番3号	093-321-2019
	佐賀県	佐賀教堂(佐賀教区教務所)	佐賀市城内1丁目2番2号	0952-23-7017
	長崎県	長崎教堂(長崎教区教務所)	諫早市新道町50番地3	0957-22-3011
	熊本県	熊本別院(熊本教区教務所)	熊本市中央区坪井2丁目3番32号	096-343-8283
		人吉別院	人吉市七日町25番地	0966-22-3316
	大分県	別府別院(大分教区教務所)	別府市北浜3丁目6番36号	0977-22-0146
		四日市別院	宇佐市四日市1410番地	0978-32-1901
	宮崎県	宮崎別院(宮崎教区教務所)	宮崎市柳丸町79番1号	0985-22-8022
	鹿児島県	鹿児島別院(鹿児島教区教務所)	鹿児島市東千石町21番38号	099-222-0051
	沖縄県	沖縄別院	浦添市伊祖5丁目10番1号	098-877-3276

別院の報恩講オリジナルスタンプを集めよう

本山・西本願寺をはじめとする上記の寺院にご参拝のおりには、報恩講参拝記念スタンプを集める「西本願寺グランドツーリング―全国別院巡拝スタンプラリー―」にもぜひご参加ください。

各別院・教堂・会館でも無償配布されている専用台紙は、1冊で8カ所分のスタンプを集めることができ、1冊おえるごとに「西本願寺の『国宝めぐり』（精進料理付）」ペア招待の特典があります。さらに、全国すべてのスタンプを集めると特別な記念品もプレゼント。

【お問い合わせ】
浄土真宗本願寺派　重点プロジェクト推進室
TEL：075-371-5181（代）　FAX:075-351-1372

※報恩講の日程についてはご参拝される各別院・教堂・会館に直接お問い合わせください。

本山・西本願寺
浄土真宗本願寺派　宗務所

〒600-8501
京都市下京区堀川通花屋町下ル　**(代) 075-371-5181**

直轄寺院・直属寺院一覧

	都道府県	別院・教堂名	所在地	TEL
北海道 東　北	北海道	札幌別院(北海道教区教務所)	札幌市中央区北三条西19丁目2番地1号	011-611-9322
		帯広別院	帯広市東三条南5丁目3番地	0155-23-3720
		小樽別院	小樽市若松1丁目4番17号	0134-22-0744
		江差別院	檜山郡江差町本町212番地	0139-52-0567
		函館別院	函館市東川町12番12号	0138-23-0647
	宮城県	仙台別院(東北教区教務所)	仙台市青葉区支倉町1番27号	022-222-8567
関　東 甲信越	東京都	築地本願寺(東京教区教務所)	中央区築地3丁目15番1号	03-3541-1131
	長野県	長野別院(長野教区教務所)	長野市西後町1653番地	026-232-2621
		松本別院	松本市蟻ヶ崎4丁目4番10号	0263-32-4743
	新潟県	国府別院(国府教区教務所)	上越市国府1丁目7番1号	025-543-2742
		新潟別院(新潟教区教務所)	長岡市与板町与板乙4356番地	0258-72-2120
中　部	富山県	富山別院(富山教区教務所)	富山市総曲輪2丁目7番12号	076-421-6672
		西本願寺高岡会館(高岡教区教務所)	高岡市東上関446番地	0766-22-0887
		井波別院	南砺市畠方2955番地	0763-82-1246
		福光教堂	南砺市福光974番地の2	0763-52-2332
	石川県	金沢別院(石川教区教務所)	金沢市笠市町2番47号	076-221-0429
	福井県	福井別院(福井教区教務所)	福井市松本4丁目9番21号	0776-23-2507
		吉崎別院	あわら市吉崎1丁目201番地	0776-75-1903
		円陵教堂	坂井市丸岡町谷町2丁目25番地	0776-23-2507
	岐阜県	岐阜別院(岐阜教区教務所)	岐阜市西野町3丁目1番地	058-262-0231
		笠松別院	羽島郡笠松町柳原町100番地の3	058-387-3557
		池野教堂	揖斐郡池田町六之井1808番地の1	058-262-0231
	愛知県	名古屋別院(東海教区教務所)	名古屋市中区門前町1番23号	052-321-0028
		三河別院	岡崎市十王町1丁目25番地	0564-22-4168
	三重県	伊勢教堂	伊勢市倭町49番地1号	0596-28-8459
近　畿	滋賀県	八幡別院(滋賀教区教務所)	近江八幡市北元町39番地の1	0748-33-2466
		赤野井別院	守山市赤野井町326番地	077-585-0023
		近松別院	大津市札の辻4番26号	077-524-0684
		長浜別院	長浜市南呉服町13番31号	0749-62-4555
		八日市教堂	東近江市八日市町9番16号	0748-24-1340
	京都府	顕道会館(京都教区教務所)	京都市下京区油小路通花屋町上ル西若松町248	075-371-6981
		西山別院	京都市西京区川島北裏町29番	075-392-7939
		北山別院	京都市左京区一乗寺薬師堂町29番地	075-781-5435
		山科別院	京都市山科区東野狐藪町2番地	075-581-0924

ホップ ステップ 浄土真宗

2016年 6月 30日　第一刷発行
2018年 8月 1 日　第二刷発行

著 者　森田真円　釈 徹宗

発 行　本願寺出版社
〒600-8501
京都市下京区堀川通花屋町下ル
TEL 075-371-4171　FAX 075-341-7753
http://hongwanji-shuppan.com/

印 刷　東洋紙業高速印刷株式会社

定価はカバーに表示してあります。

YT02-SH2-①80-81
ISBN978-4-89416-042-2　C0015